HET PERFECTE COOKIE

KOOKBOEK VOOR

BEGINNERS

100 recepten om de kunst van het bakken
onder de knie te krijgen en heerlijke
desserts te maken voor vrienden en familie

Clarinda Jansen

INHOUDSOPGAVE

INHOUDSOPGAVE 3

INVOERING 7

KORTE KOEKJES 9

1. AMANDEL ZANDKOEKJES 10
2. ZANDKOEKKOEKJES MET BRUINE SUIKER 12
3. MET CHOCOLADE GEDOMPELDE MACADAMIANOTEN ZANDKOEKJES 14
4. ZANDKOEKKOEKJES MET FRUIT 17
5. LAVENDEL ZANDKOEKJES 20
6. MOKKA ZANDKOEKJES 23
7. PINDA ZANDKOEKJES 26
8. GEKRUIDE ZANDKOEKJES 29
9. PECAN-ZANDKOEKJES 31
10. OREGON HAZELNOOT ZANDKOEKJES 34

CHOCOLADE KOEKJES 36

11. PRETZEL- EN KARAMELKOEKJES 37
12. HENNEP BUCKEYE COOKIE 39
13. CAKEMIX KOEKJES 41
14. DUIVEL CRUNCH KOEKJES 43
15. PECAN KOEKJES 45
16. SLAGROOM BROWNIES 47
17. CAKEMIX SANDWICH KOEKJES 49
18. GRANOLA- EN CHOCOLADEKOEKJES 51
20. DUITSE KOEKJES 53
21. ANIJSKOEKJES 55
22. ZOETE GROENE KOEKJES 58
23. CHOCOLADEKOEKJES 60

BISCOTTI 63

24. BROWNIE BISCOTTI 64

25. AMANDELBISCOTTI 67
26. ANIJS BISCOTTI 70
27. ANIJS CITROEN BISCOTTI 73
28. KERSENBISCOTTI 76
29. HAZELNOOT EN ABRIKOOS BISCOTTI 79
30. CITROEN ROZEMARIJN BISCOTTI 82

SUIKERKOEKJES 84

31. AMANDELSUIKER KOEKJES 85
32. SUIKERKOEKJES 88
33. SUIKERKOEKJES MET BOTERCRÈMEGLAZUUR 90
34. AMANDELSTEENSUIKER KOEKJES 93
35. AMISH SUIKER KOEKJES 95
36. BASIS KOEKJES MET REUZELSUIKER 98
37. KANEEL SUIKER KOEKJES 100
38. GEKRAAKTE SUIKERKOEKJES 102
39. PECAN SUIKER KOEKJES 104
40. KRUIDENSUIKER KOEKJES 106
41. PISTACHE SUIKER KOEKJES 108

KAASKOEKJES 110

42. KAAS VOORGERECHT KOEKJES 111
43. CHOCOLADE KOEKJES 113
44. ABRIKOZENROOMKAASKOEKJES 115
45. KAAS PINDAKAAS KOEKJES 118
46. COTTAGE CHEESE KOEKJES 120
47. HAVERMOUTKOEKJES MET KWARK 122
48. ROOMKAAS EN GELEI KOEKJES 124
49. ROOMKAAS UITGESNEDEN KOEKJES 126
50. JUMBO ROOMKAAS PINDAKAAS KOEKJE 128
51. MEXICAANSE KAASKOEKJES 130
52. SINAASAPPEL-ROOMKAAS KOEKJES 132
53. KRUIDENKAAS-APPELKOEKJES 134
54. RICOTTA KAAS KOEKJES 136

55. CHEWY CHOCO-ROOMKAAS KOEKJES 138

GEMBER KOEKJES 140

56. OMA'S GINGERSNAPS 141
57. GINGERBREAD BOYS 143
58. CHOCOLADE RUM BALLEN 146
59. GEMBERMELASSE KOEKJES 148
60. TAAIE GEMBER KERSTKOEKJES 151
61. LAAT GEMBERKOEKJES VALLEN 153
62. GEMBER-CITROEN KOEKJES 155
63. MAGERE GEMBERKOEKJES 157
64. POMPOEN EN VERSE GEMBERKOEKJES 159
65. ZACHTE GEMBERKOEKJES 161
66. ZOETE DROMEN GEMBERKOEKJES 163

GELATEN COOKIES 165

67. SINAASAPPEL-CRANBERRY-DRUPPELS 166
68. SUIKERPRUIM DRUPPELS 169
69. KOEKJES MET WEENSE HALVE MAAN 171
70. CRANBERRY HOOTYCREEK DRUPPELS 174
71. APPEL-ROZIJNEN DROP COOKIES 177
72. BLUEBERRY DROP COOKIES 180
73. CHERRY DROP COOKIES 182
74. CACAO DROP COOKIES 184
75. DATUM GEVULDE DROP COOKIES 186
76. DEVIL'S FOOD DROP COOKIES 189
77. HICKORY NOTEN DROP KOEKJES 192
78. ANANAS DROP COOKIES 194
79. ROZIJNEN ANANAS DROP COOKIES 196
80. COURGETTE DROP COOKIES 198

KOEKJES SANDWICHES 200

81. CHOCOLADETRUFFELKOEKJES 201
82. HAVERMOUTROOMBROODJES 205

83. SLAGROOMSOESJES EN ECLAIRS RINGCAKE 209

84. BROODJE IJSKOEKJES 212

85. AARDBEIEN ITALIAANSE BROODJES.. 214

86. BROODJES WORTELTAART.. 217

87. GEMBER NOTENIJS 220

88. CHOCOLADEKOEKJE EN VANILLE SANDWICH 223

89. BROODJE VANILLE SOJA-IJS.. 226

90. X-RAY ICE CREAM SANDWICHES 229

91. CHOCOLADE SOJA-IJS 232

92. DUBBELE CHOCOLADESANDWICHES 235

93. BROODJE CHOCOLADE KOKOSIJS.. 238

94. BEVROREN CHOCOLADE BANANEN... 241

95. BROODJE IJSKOEKJES 244

SNICKERDOODLE 246

96. MAÏSMEEL SNICKERDOODLES 247

97. VETARME SNICKERDOODLES 250

98. VOLKOREN SNICKERDOODLES 253

99. EIERPUNCH SNICKERDOODLES.. 256

100. CHOCOLADE SNICKERDOODLES... 259

CONCLUSIE 262

INVOERING

Het woord cookie verwijst naar "kleine cakes" afgeleid van het Nederlandse woord "koekje" of "koekie". Koekjes bevatten veel van dezelfde ingrediënten als cakes, behalve dat ze een lager gehalte aan vloeistof bevatten met een hoger gehalte aan suiker en vet tot meel.

Cookierecepten kunnen in talloze vormen, smaken en texturen worden bereid en kunnen worden versierd. Elk land lijkt zijn favoriet te hebben: in Noord-Amerika is het de chocolate chip; in het Verenigd Koninkrijk is het zandkoek; in Frankrijk zijn het sables en bitterkoekjes; en zijn biscotti in Italië.

Cookies Recepten worden meestal gecategoriseerd op basis van de vloeibaarheid van hun beslag of deeg, bepalend voor de manier waarop ze worden gevormd - Bars, Dropped, Icebox / koelkast, Molded, Pressed of Rolled. Bovendien zijn sommige soorten cookies subtypen van andere. Het type koekjesrecept dat moet worden bereid, bepaalt hun mengmethode, maar voor de meeste wordt de conventionele cake- of roommethode gebruikt. Cookies kunnen worden gebakken of no-bake worden genoemd, waar ze kunnen worden gemaakt van kant-en-klare granen, zoals Rice Krispies Treats, havermout, noten, droog fruit of kokosnoot, en bij elkaar worden gehouden met een gekookte siroop of verwarmde suikerbasis zoals gesmolten marshmallows en boter.

KORTE KOEKJES

1. Amandel zandkoekjes

Opbrengst: 3 dozijn

Ingrediënten

- 1 kop bloem, universeel

- $\frac{1}{2}$ kopje maïszetmeel

- $\frac{1}{2}$ kopje suiker, in poedervorm

- 1 kop Amandelen, fijngehakt

- $\frac{3}{4}$ kopje boter; verzacht

Routebeschrijving

a) Combineer bloem, maizena en poedersuiker; roer de amandelen erdoor. Voeg boter toe; meng met een houten lepel tot een zacht deeg ontstaat.

b) Vorm het deeg tot kleine balletjes. Plaats op niet-ingevette bakplaat; druk elke bal plat met een licht met bloem bestoven vork. Bak op 300 graden gedurende 20 tot 25 minuten of tot de randen slechts lichtbruin zijn.

c) Koel af voordat u het opbergt.

2. Zandkoekkoekjes met bruine suiker

Opbrengst: 12 porties

Ingrediënten

- 1 kop ongezouten boter; kamertemperatuur

- 1 kop Verpakte lichtbruine suiker

- 2 kopjes All-purpose Flour

- $\frac{1}{4}$ theelepel Zout

- 1 eetlepel suiker

- 1 theelepel gemalen kaneel

Routebeschrijving

a) Verwarm de oven voor op 325 graden. Boter 9 "springvorm lichtjes. Gebruik een elektrische mixer en klop 1 kop boter in een grotere kom tot het licht en luchtig is.

b) Voeg bruine suiker toe en klop goed. Gebruik een rubberen spatel om bloem en zout te mengen (niet te lang mengen). Druk het deeg in de voorbereide pan. Combineer suiker en kaneel in een kleine kom. Strooi kaneelsuiker over het deeg. Snijd het deeg in 12 partjes, gebruik de liniaal als gids en snijd door het deeg. Prik elke wig meerdere keren in met een tandenstoker.

c) Bak tot zandkoek bruin is, stevig aan de randen en een beetje zacht in het midden, ongeveer 1 uur. Koel zandkoek volledig in pan op rek. Verwijder de zijkanten van de pan.

3. Met chocolade gedompelde macadamianoten zandkoekjes

Opbrengst: 36 porties

Ingrediënten

- 1 kop boter
- $\frac{3}{4}$ kopje poedersuiker
- 1 theelepel vanille
- 2 kopjes gezeefde bloem
- $\frac{3}{4}$ kopje gehakte macadamianoten
- 1 kopje Melkchocoladestukjes of -
- 1 kopje halfzoete chocoladeschilfers
- $1\frac{1}{2}$ theelepel Plantaardig bakvet

Routebeschrijving

a) Klop in een grote mengkom boter, suiker en vanille tot ze licht en luchtig zijn. Roer geleidelijk de bloem erdoor tot het goed gemengd is. Roer de macadamianoten erdoor.

b) Leg het deeg op vetvrij papier en vorm het tot een rol met een diameter van twee centimeter.

c) Wikkel in papier en folie en koel minstens twee uur of een nacht.

d) Verwarm de oven voor op 300 graden. Snijd de rol in plakken van ca. $\frac{1}{4}$ tot $\frac{1}{2}$ inch dik. Bak op niet-ingevette bakplaat gedurende 20 minuten of tot de koekjes bruin beginnen te worden. Haal uit de oven; afkoelen op rooster.

e) Smelt ondertussen in een kleine kom chocoladeschilfers (magnetron werkt goed) en roer het bakvet erdoor. Goed mengen. Doop het ene uiteinde van elk koekje in het chocolademengsel en leg het op vetvrij papier.

f) Koel de koekjes tot de chocolade hard wordt. Op een koele plaats bewaren. Maakt 2-3 dozijn koekjes.

4. Zandkoekkoekjes met fruit

Opbrengst: 36 porties

Ingrediënten

- 2½ kopje meel
- 1 theelepel Crème van tartaar
- 1½ kopje banketbakkerssuiker
- 1 9 oz. doos Geen dergelijk gehakt
- 1 theelepel vanille
- 1 theelepel bakpoeder
- 1 kop boter, verzacht
- 1 ei

Routebeschrijving

a) Verwarm de oven voor op 375F. 2. Combineer bloem, frisdrank en wijnsteen.

b) Klop in een grote kom boter en suiker tot een luchtig geheel. Voeg ei toe.

c) Roer vanille en verkruimeld gehakt erdoor.

d) Voeg droge ingrediënten toe. Meng goed, het beslag zal stijf zijn.

e) Rol in ballen van 1¼ ". Leg ze op een niet-ingevette bakplaat, druk ze een beetje plat.

f) Bak 10-12 minuten of tot ze lichtbruin zijn. Bedek met een glazuur van banketbakkerssuiker, melk en vanille terwijl het nog warm is.

5. Lavendel zandkoekjes

Opbrengst: 1 partij

Ingrediënten

- $\frac{1}{2}$ kopje ongezouten boter op kamertemperatuur

- $\frac{1}{2}$ kopje banketbakkerssuiker ongezeefd

- 2 theelepels gedroogde lavendelbloesems

- 1 theelepel Geplette gedroogde groene muntblaadjes

- $\frac{1}{8}$ theelepel kaneel

- 1 kopje ongezeefde bloem

Routebeschrijving

a) Verwarm de oven voor op 325 F. Bereid een 8 "vierkante bakvorm voor door deze te bekleden met aluminiumfolie en de folie licht te bedekken met een plantaardige oliespray.

b) Klop de boter licht en luchtig. Roer de suiker, lavendel, groene munt en kaneel erdoor. Werk de bloem erdoor en mix tot het mengsel kruimelig is. Schraap het in de voorbereide pan en spreid het uit tot het waterpas is, druk lichtjes om het gelijkmatig te verdichten.

c) Bak 25 tot 30 minuten, of tot de randen licht goudbruin zijn.

d) Til zowel de folie als de zandkoek voorzichtig uit de pan op een snijvlak. Snijd de repen door met een gekarteld mes.

e) Breng over naar een rooster om volledig af te koelen. Bewaar in een goed afgesloten blik.

6. Mokka zandkoekjes

Opbrengst: 18 porties

Ingrediënten

- 1 theelepel Nescafé Classic oploskoffie

- 1 theelepel kokend water

- 1 pak (12-oz) Nestle Toll House halfzoete chocoladestukjes; verdeeld

- $\frac{3}{4}$ kopje boter; verzacht

- $1\frac{1}{4}$ kopje gezeefde banketbakkerssuiker

- 1 kopje bloem voor alle doeleinden

- ⅓ theelepel Zout

Routebeschrijving

a) Verwarm de oven voor op 250 graden. Los in kopje Nescafé Classic oploskoffie op in kokend water; opzij zetten. Smelt boven heet (niet kokend) water, 1 kopje Nestle Toll House halfzoete chocoladestukjes; roer tot een gladde massa.

b) Haal van het vuur; opzij zetten. Meng in een grote kom boter, banketbakkerssuiker en koffie; slaan tot dat het glad is. Meng geleidelijk bloem en zout.

c) Roer de gesmolten stukjes erdoor. Rol het deeg tussen twee stukken vetvrij papier tot een dikte van 3/16-inch. Bovenblad verwijderen; steek koekjes uit met behulp van een 2-$\frac{1}{2}$ inch koekjesvormer. Verwijder van vetvrij papier en plaats op niet-ingevette bakplaten. Bak 25 minuten op 250 graden. Koel volledig af op roosters.

d) Smelt boven heet (niet kokend) water, resterende 1 kopje Nestle Toll House halfzoete chocoladestukjes; roer tot een gladde massa. Smeer een licht afgeronde theelepel gesmolten chocolade op de platte kant van het koekje; top met tweede koekje. Herhaal met de resterende koekjes.

e) Koel tot ingesteld. Laat 15 minuten voor het serveren op kamertemperatuur staan. Maakt ongeveer 1-$\frac{1}{2}$ dozijn 2-$\frac{1}{2}$ inch cookies.

7. Pinda zandkoekjes

Opbrengst: 30 porties

Ingrediënten

- 250 milliliter Boter; Ongezouten, Verzacht

- 60 milliliter Romige Pindakaas

- 1 groot wit ei; Uit elkaar gehaald

- 5 milliliter vanille-extract

- 325 milliliter All-Purpose Meel

- 250 milliliter Old Fashioned Havermout

- 60 milliliter Tarwekiemen

- 250 milliliter Gezouten Drooggeroosterde Pinda's; fijn gesneden

- 250 milliliter lichtbruine suiker; stevig verpakt

Routebeschrijving

a) In een mengkom met een elektrische mixer, room samen Boter, Pindakaas, Suiker, dan klop in eidooier en vanille-extract.

b) Voeg bloem, haver en tarwekiemen toe en klop het mengsel tot het net is gecombineerd. Verdeel het beslag gelijkmatig in een beboterde jelly roll-pan, strijk de bovenkant glad, verdeel het eiwit, licht geslagen, over het beslag en strooi de pinda's er gelijkmatig over .

c) Bak het mengsel in het midden van een voorverwarmde 300 F (150 C) oven gedurende 25 tot 30 minuten, of tot de bovenkant goudbruin is.

d) Breng de pan over naar een rooster om af te koelen. Snijd, terwijl het mengsel nog HEET is, in kleine, gelijkmatige vierkanten en laat de koekjes volledig afkoelen in de pan.

8. Gekruide zandkoekjes

Opbrengst: 30 porties

Ingrediënten

- 1 kopje margarine, verzacht

- ⅔ kopje gezeefde poedersuiker

- ½ theelepel gemalen nootmuskaat

- ½ theelepel gemalen kaneel

- ½ theelepel Gemalen gember

- 2 kopjes All-purpose Flour

Routebeschrijving

a) Roomboter; Voeg geleidelijk suiker toe en klop op gemiddelde snelheid van een elektrische mixer tot het licht en luchtig is. Voeg kruiden toe en klop goed.

b) Roer de bloem erdoor. Het deeg zal stijf zijn. Vorm het deeg in ballen van 1 1 $ inch en plaats 2 inch uit elkaar op licht ingevette bakplaten. Druk de koekjes lichtjes aan met een met bloem bestoven koekjesstempel of vork om ze plat te maken tot een dikte van inch. Bak op 325 gedurende 15 tot 18 minuten of tot het gaar is. Laat afkoelen op roosters.

9. Pecan-zandkoekjes

Opbrengst: 2 dozijn

Ingrediënten

- $\frac{3}{4}$ pond boter

- 1 kopje banketbakkerssuiker

- 3 kopjes bloem, gezeefd

- $\frac{1}{2}$ theelepel Zout

- $\frac{1}{2}$ theelepel vanille

- $\frac{1}{4}$ kopje suiker

- $\frac{3}{4}$ kopje pecannoten, fijngehakt

Routebeschrijving

a) Klop boter en banketbakkerssuiker samen tot het licht is.

b) Zeef bloem en zout samen en voeg toe aan het afgeroomde mengsel. Voeg vanille toe en meng grondig. Pecannoten toevoegen.

c) Verzamel het deeg in een bal, wikkel in vetvrij papier en laat afkoelen tot het stevig is.

d) Rol het gekoelde deeg uit tot een dikte van $\frac{1}{2}$ ". Gebruik een koekjesvormer om koekjes uit te steken. Bestrooi de bovenkanten met kristalsuiker. Plaats de uitgesneden koekjes op een niet-ingevette bakplaat en zet ze 45 minuten in de koelkast voor het bakken.

e) Verwarm de oven voor op 325F. Bak gedurende 20 minuten of tot ze net licht beginnen te kleuren; koekjes mogen helemaal niet bruin worden. Koel op rek.

10.   Oregon hazelnoot zandkoekjes

Opbrengst: 36 koekjes

Ingrediënten
- 1 kopje geroosterde Oregon hazelnoten
- $\frac{3}{4}$ kopje boter; gekoeld
- $\frac{3}{4}$ kopje suiker
- $1\frac{1}{2}$ kopje ongebleekt meel

Routebeschrijving

a) Maal geroosterde hazelnoten in een keukenmachine tot een grove maling. Voeg boter en suiker toe en verwerk grondig. Plaats het noten-, boter- en suikermengsel in de mengbeker en voeg bloem toe ($\frac{1}{2}$ kopje per keer) en meng elke toevoeging volledig. Meng het mengsel tot een bal.

b) Maak balletjes van 1 inch en plaats ze op een bakplaat met antiaanbaklaag, ongeveer $\frac{1}{2}$ inch uit elkaar.

c) Bak op 350 gedurende 10-12 minuten. Koel de rest van het deeg tot het klaar is om te bakken.

CHOCOLADE KOEKJES

# 11.	Pretzel- en karamelkoekjes

Maakt ongeveer 2 dozijn

Ingrediënten

- 1 pakje chocoladetaartmix (normaal formaat)

- 1/2 kop boter, gesmolten

- 2 grote eieren, kamertemperatuur

- 1 kopje gebroken miniatuur pretzels, verdeeld

- 1 kopje halfzoete chocoladeschilfers

- 2 eetlepels gezouten karamel topping

Routebeschrijving

a) Verwarm de oven voor op 350 °. Combineer cakemix gesmolten boter en eieren; klop tot het gemengd is. Roer 1/2 kopje pretzels, chocoladeschilfers en karameltopping erdoor.

b) Drop door afgeronde eetlepels 2 inch uit elkaar op ingevette bakplaten. Druk iets plat met de bodem van een glas; druk de resterende pretzels op de bovenkant van elk. Bak 8-10 minuten of tot het gaar is.

c) Koel op pannen gedurende 2 minuten. Verwijder naar draadrekken om volledig af te koelen.

12.   Hennep Buckeye Cookie

Maakt 12 porties

Ingrediënten

- 1 pakje chocoladetaartmix (normaal formaat)
- 2 grote eieren, kamertemperatuur
- 1/2 kopje Olijfolie
- 1 kopje halfzoete chocoladeschilfers
- 1 kop romige pindakaas
- 1/2 kopje banketbakkerssuiker

Routebeschrijving

- Verwarm de oven voor op 350 °.
- Meng in een grote kom cakemix, eieren en olie tot het gemengd is. Roer de chocoladeschilfers erdoor. Druk de helft van het deeg in een 10-in. gietijzeren of andere ovenvaste koekenpan.
- Combineer pindakaas en banketbakkerssuiker; verspreid over deeg in koekenpan.
- Druk het resterende deeg tussen de vellen perkamentpapier in een 10-inch. cirkel; overvulling plaatsen.
- Bak tot een tandenstoker die in het midden is gestoken eruit komt met vochtige kruimels, 20-25 minuten.

13.   Cakemix koekjes

Voor: 54 porties

Ingrediënten

- 1 pak Duitse chocoladetaartmix; pudding inbegrepen

- 1 kopje halfzoete chocoladeschilfers

- $\frac{1}{2}$ kopje gerolde haver

- $\frac{1}{2}$ kopje rozijnen

- $\frac{1}{2}$ kopje Olijfolie

- 2 eieren; licht geslagen

Routebeschrijving

a) Verwarm de oven voor op 350 graden.

b) Combineer alle ingrediënten in een grote kom; goed mengen. Laat het deeg met afgeronde theelepels met een tussenruimte van twee centimeter op niet-ingevette bakplaten vallen.

c) Bak op 350 graden gedurende 8-10 minuten of tot het is gezet. Koel 1 minuut; verwijderen van bakpapier.

14.   Duivel Crunch Koekjes

Maakt: 60 COOKIES

Ingrediënten

- 1 18,25-ounce chocoladetaartmix

- $\frac{1}{2}$ kopje Olijfolie

- 2 eieren, licht geklopt

- $\frac{1}{2}$ kopje gehakte pecannoten

- 5 gewone melkchocoladerepen, verdeeld in vierkanten

- $\frac{1}{2}$ kopje gezoete kokosvlokken

Routebeschrijving

a) Verwarm de oven voor op 350 ° F.

b) Combineer cakemix, olie en eieren in een kom en meng volledig. Spatel de pecannoten voorzichtig door het beslag.

c) Laat het beslag met lepels vallen op niet-ingevette bakplaten. Bak gedurende 10 minuten. Verwijder wanneer de koekjes zijn geplaatst, maar nog een beetje zacht in het midden.

d) Leg op elk koekje een vierkantje melkchocolade. Als het smelt, smeer je het uit om een chocoladelaag op de bovenkant van het koekje te creëren.

e) Breng koekjes onmiddellijk over naar een rooster en laat ze volledig afkoelen.

15.   Pecan koekjes

Maakt: 24 COOKIES

Ingrediënten

- 1 kop boter pecannotencake mix

- 1 kop chocoladetaartmix

- 2 eieren, licht geklopt

- $\frac{1}{2}$ kopje Olijfolie

- 2 eetlepels water

Routebeschrijving

a) Verwarm de oven voor op 350 ° F.

b) Combineer ingrediënten en meng tot een gelijkmatig beslag.

c) Laat lepels op een niet-ingevette bakplaat vallen. Bak gedurende 15 minuten of tot ze goudbruin en gaar zijn.

d) Laat 5 minuten afkoelen op de bakplaat. Verwijder naar een rooster om volledig af te koelen.

16. Slagroom Brownies

maakt; 48 COOKIES

Ingrediënten

- 1 18-ounce doos chocoladetaartmix
- 1 eetlepel cacaopoeder
- 1 ei
- 1 kop pecannoten, gehakt
- $\frac{1}{4}$ kopje suiker
- 4 ons opgeklopte topping

Routebeschrijving
a) Verwarm de oven voor op 350 ° F.
b) Combineer cakemix, cacaopoeder en ei en meng goed. Spatel de pecannoten voorzichtig door het deeg.
c) Smeer je handen in met suiker en vorm vervolgens het deeg in kleine balletjes. Bestrijk de koekjesballen met suiker.
d) Plaats op bakplaat, laat 2 centimeter tussen cookies.
e) Bak 12 minuten of tot het gaar is. Haal uit de oven en breng over naar een rooster om af te koelen. Top met slagroom topping.

17.   Cakemix Sandwich Koekjes

Maakt: 10

Ingrediënten

- 1 18,25-ounce doos chocoladetaartmix
- 1 ei, kamertemperatuur
- $\frac{1}{2}$ kopje boter
- 1 12-ounce tub vanille glazuur

Routebeschrijving

a) Verwarm de oven voor op 350 ° F.

b) Bedek een bakplaat met een laag bakpapier. Opzij zetten.

c) Meng in een grote mengkom de cakemix, het ei en de boter. Gebruik een elektrische mixer om een glad, uniform beslag te maken.

d) Rol koekjesdeeg in ballen van 1 "en plaats ze op een bakplaat. Druk elke bal met een lepel plat. Bak gedurende 10 minuten.

e) Laat de koekjes volledig afkoelen voordat je een laag glazuur tussen twee koekjes legt.

18.   Granola- en chocoladekoekjes

Maakt: 36 COOKIES

Ingrediënten

- 1 18,25-ounce chocoladetaartmix
- $\frac{3}{4}$ kopje boter, verzacht
- $\frac{1}{2}$ kopje verpakte bruine suiker
- 2 eieren
- 1 kopje granola
- 1 kopje witte chocoladeschilfers
- 1 kop gedroogde kersen

Routebeschrijving

a) Verwarm de oven voor op 375 ° F.
b) Meng in een grote kom cakemix, boter, bruine suiker en eieren en klop tot beslag zich vormt.
c) Roer de granola en witte chocoladeschilfers erdoor. Laat theelepels ongeveer 2 centimeter uit elkaar vallen op niet-ingevette bakplaten.
d) Bak 10-12 minuten of tot de koekjes aan de randen licht goudbruin zijn.
e) Laat 3 minuten afkoelen op bakplaten en verwijder vervolgens op een rooster.

20.   Duitse Koekjes

Voor: 4 Dozijn koekjes

Ingrediënten

- 1 18,25-ounce doos Duitse chocoladetaartmix

- 1 kopje halfzoete chocoladeschilfers

- 1 kopje havermout

- $\frac{1}{2}$ kopje Olijfolie

- 2 eieren, licht geklopt

- $\frac{1}{2}$ kopje rozijnen

- 1 theelepel vanille

Routebeschrijving
a) Verwarm de oven voor op 350 ° F.
b) Combineer alle ingrediënten. Meng goed met een elektrische mixer op lage snelheid. Als er kruimelige kruimels ontstaan, voeg dan een scheutje water toe.
c) Laat het deeg met lepels op een niet-ingevette bakplaat vallen.
d) Bak gedurende 10 minuten.
e) Laat volledig afkoelen voordat u de koekjes van het blad haalt en op een serveerschaal legt.

21.   Anijskoekjes

Porties: 36

Ingrediënten:

- 1 kop suiker
- 1 kop boter
- 3 kopjes bloem
- ½ kopje melk
- 2 losgeklopte eieren
- 1 Eetlepels bakpoeder
- 1 Eetlepels amandelextract
- 2 theelepels anijslikeur
- 1 kopje banketbakkerssuiker

Routebeschrijving:

a) Verwarm de oven voor op 375 graden Fahrenheit.

b) Klop de suiker en boter door elkaar tot het licht en luchtig is.

c) Voeg geleidelijk de bloem, melk, eieren, bakpoeder en amandelextract toe.

d) Kneed het deeg tot het plakkerig wordt.

e) Maak kleine balletjes uit stukjes deeg van 1 inch lengte.

f) Verwarm de oven voor op 350 ° F en vet een bakplaat in. Leg de balletjes op de bakplaat.

g) Verwarm de oven voor op 350 ° F en bak de koekjes 8 minuten.

h) Meng de anijslikeur, de banketbakkerssuiker en 2 eetlepels heet water in een mengkom.

i) Dompel tot slot de koekjes in het glazuur terwijl ze nog warm zijn.

22.   Zoete groene koekjes

Ingrediënten:

- 165 g doperwten.

- 80 g gehakte medjool dadels.

- 60 g zijden tofu, gepureerd.

- 100 gram amandelmeel.

- 1 theelepel bakpoeder.

- 12 amandelen.

Routebeschrijving:

a) Verwarm de oven voor op 180°C/350°F.

b) Combineer erwten en dadels in een keukenmachine.

c) Verwerk totdat de dikke pasta is gevormd.

d) Doe het erwtenmengsel in een kom. Roer de tofu, amandelmeel en bakpoeder erdoor. Vorm van het mengsel 12 balletjes.

e) Leg de balletjes op de bakplaat, bekleed met bakpapier. Druk elke bal plat met geoliede handpalm.

f) Steek in elk koekje een amandel. Bak de koekjes 25-30 minuten of tot ze goudbruin zijn.

g) Koel af op een rooster voor het serveren.

23.   Chocoladekoekjes

Ingrediënten:

- 2 kopjes glutenvrije bloem voor alle doeleinden.

- 1 theelepel bakpoeder.

- 1 theelepel zeezout.

- 1/4 kopje veganistische yoghurt.

- 7 Eetlepels vegan boter.

- 3 Eetlepels cashewboter

- 1 1/4 kop kokossuiker.

- 2 chia-eieren.

- Pure chocoladereep, porties inbreken.

Routebeschrijving:

a) Verwarm de oven voor op 375 ° F

b) Meng glutenvrije bloem, zout en bakpoeder in een middelgrote mengkom. Zet opzij terwijl je de boter smelt.

c) Voeg de boter, yoghurt, cashewboter, kokossuiker toe aan een kom en mix met een mixer of handmixer een paar minuten tot alles gemengd is.

d) Voeg de chia-eieren toe en meng goed.

e) Voeg de bloem tot chia-eimix toe en mix op laag tot geïntegreerd.

f) Spatel de chocoladestukjes erdoor.

g) Zet het deeg 30 minuten in de koelkast om op te stijven.

h) Haal het deeg uit de koelkast en laat het ongeveer 10 minuten op kamertemperatuur komen en bekleed een bakplaat met bakpapier.

i) Schep met je handen 1 1/2 eetlepel koekjesdeeg op het bakpapier. Laat een beetje ruimte tussen elk koekje.

j) Bak koekjes gedurende 9-11 minuten. Geniet van!

BISCOTTI

24.   Brownie Biscotti

Ingrediënten

- 1/3 kop boter, verzacht
- 2/3 kopje witte suiker
- 2 eieren
- 1 theelepel vanille-extract
- 13/4 kopjes bloem voor alle doeleinden
- 1/3 kopje ongezoet cacaopoeder
- 2 theelepels bakpoeder
- 1/2 kopje miniatuur halfzoete chocoladeschilfers
- 1/4 kop gehakte walnoten
- 1 eidooier, losgeklopt
- 1 eetlepel water

Routebeschrijving

a) Verwarm de oven voor op 375 ° F (190 ° C). Vet bakplaten in, of bekleed met bakpapier.

b) Klop in een grote kom de boter en suiker tot een gladde massa. Klop één voor één de eieren erdoor en roer de vanille erdoor. Combineer de bloem, cacao en bakpoeder; roer door het afgeroomde mengsel tot het goed gemengd is. Het deeg zal stijf zijn, dus meng het laatste beetje met de hand erdoor. Meng de chocoladeschilfers en walnoten erdoor.

c) Verdeel het deeg in twee gelijke delen. Vorm in 9x2x1-inch broden. Plaats op bakplaat met een onderlinge afstand van 4 inch. Bestrijk met een mengsel van water en dooier.

d) Bak gedurende 20 tot 25 minuten in de voorverwarmde oven, of tot het stevig is. Koel 30 minuten op bakplaat.

e) Snijd de broden met een gekarteld mes diagonaal in plakjes van 1 inch. Leg de plakjes terug op de bakplaat en leg ze op hun kant. Bak 10 tot 15 minuten aan elke kant, of tot ze droog zijn. Koel volledig af en bewaar in een luchtdichte verpakking.

25. Amandelbiscotti

Opbrengst: 42 porties

Ingrediënten

- $\frac{1}{2}$ kopje boter of margarine, verzacht
- $1\frac{1}{4}$ kopje suiker
- 3 eieren
- 1 theelepel Vanille-extract of anijs Aroma
- 2 kopjes All-purpose Flour
- 2 theelepels bakpoeder
- 1 scheutje Zout
- $\frac{1}{2}$ kopje amandelen, gehakt
- 2 theelepels melk

Routebeschrijving

a) In een mengkom roomboter en 1 kop suiker. Voeg de eieren toe, één voor één goed kloppend na elke toevoeging. Roer de anijs of vanille erdoor.

b) Combineer droge ingrediënten; voeg toe aan het afgeroomde mengsel. Roer de amandelen erdoor.

c) Bekleed een bakplaat met folie en vetfolie. Verdeel het deeg in twee; verspreid in twee 12x3 in rechthoeken op folie. Bestrijk met melk en bestrooi met de resterende suiker. Bak op 375 gr. gedurende 15 tot 20 minuten. of tot ze goudbruin en stevig aanvoelen. Haal uit de oven en verlaag het vuur tot 300 graden. Til rechthoeken met folie op het rooster; afkoelen gedurende 15 min. Leg op een snijplank; snijd diagonaal $\frac{1}{2}$ inch dik. Leg de plak met de snijkant naar beneden of niet ingevette bakplaten. Bak gedurende 10 minuten.

d) Draai koekjes om; bak 10min. meer. Zet de oven uit en laat de koekjes in de oven; met deur op een kier om af te koelen. Bewaar in een luchtdichte verpakking.

26.   Anijs Biscotti

Opbrengst: 1 porties

Ingrediënten

- 2 kopjes + 2 eetlepels bloem
- $\frac{3}{4}$ kopje suiker
- 1 eetlepel anijszaadjes, gekneusd
- 1 theelepel bakpoeder
- $\frac{1}{2}$ theelepel bakpoeder
- $\frac{1}{4}$ theelepel Zout
- 3 Ei-equivalenten
- 2 eetlepels Geraspte verse citroenschil (of
- 1 eetlepel droog)
- 1 eetlepel vers citroensap

Routebeschrijving

a) Verwarm de oven voor op 325 graden F. Coat bakplaat met non-stick spray of perkament. Meng in een middelgrote kom bloem, suiker, anijszaad, bakpoeder, bakpoeder en zout. Klop de ei-equivalenten, citroenschil en citroensap door elkaar en voeg toe aan de droge ingrediënten. Goed mengen.

b) Werk op een met bloem bestoven oppervlak en vorm het deeg in twee blokken, elk ongeveer 14 inch lang en 1-$\frac{1}{2}$ inch dik. Plaats de houtblokken op de voorbereide bakplaat, minstens 10 cm uit elkaar (het deeg zal zich tijdens het bakken verspreiden). Bak gedurende 20 tot 25 minuten, tot het stevig aanvoelt.

c) Breng de houtblokken over naar het rek om af te koelen. Verlaag de oventemperatuur tot 300 graden F. Snijd de houtblokken diagonaal in $\frac{1}{2}$-inch dikke plakjes, met behulp van een gekarteld mes en een zachte zaagbeweging. Leg de plakjes op hun kant op de bakplaat en keer terug naar de oven.

d) Bak gedurende 40 minuten. Haal uit de oven en laat volledig afkoelen voordat je het opbergt. Biscotti wordt knapperig als ze afkoelen. Bewaar, in een luchtdichte verpakking, maximaal een maand.

e) Maakt ongeveer 4 dozijn biscotti.

27.   Anijs citroen biscotti

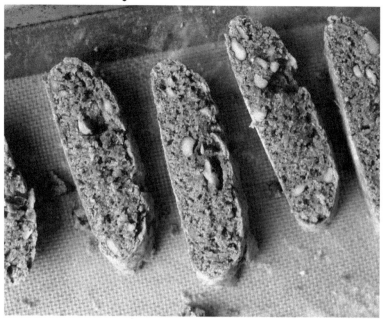

Opbrengst: 1 porties

Ingrediënten

- 2 kopjes ongebleekte witte bloem

- 1 theelepel bakpoeder

- $\frac{1}{4}$ theelepel Zout

- 1 kopje suiker

- 2 hele eieren

- 1 Eiwit

- 2 eetlepels vers geraspte citroenschil

- 1 eetlepel Gemalen anijszaad

Routebeschrijving

a) Verwarm de oven voor op 350 graden. Bereid een bakplaat voor met bakspray of een heel dun laagje olie. Zeef in een grote mengkom bloem, maïsmeel, bakpoeder en zout. Klop de eieren lichtjes los en voeg ze toe aan het bloemmengsel.

b) Roer de ahornsiroop, vanille en walnoten erdoor en meng tot het deeg glad is. Schep met een rubberen spatel en met bloem bestoven handen de helft van het deeg uit de kom en op een kant van de bakplaat. Vorm het deeg in een 15 "lange log.

c) Maak een tweede blok aan de andere kant van de bakplaat met het resterende deeg. Plaats de houtblokken ten minste 15 cm uit elkaar. Bak 25-30 minuten, tot de bovenkant van elk biscotti-blok stevig is.

d) Verwijder ze met een lange spatel op een rooster en laat ze 10-15 minuten afkoelen. Snijd elk blok op een harde diagonaal in ongeveer $20\frac{1}{2}$ "dikke plakken en plaats ze, met de snijkant naar beneden, op de bakplaat. Verlaag de oventemperatuur tot 350 graden en bak gedurende 15 minuten.

e) Heet uit de oven, zijn de biscotti misschien een beetje zacht in het midden, maar ze zullen hard worden als ze afkoelen.

f) Laat ze volledig afkoelen. Opgeslagen in een blik of een andere goed gesloten verpakking zijn ze minstens een paar weken houdbaar.

28. Kersenbiscotti

Opbrengst: 24 biscotti

Ingrediënten

- 2 kopjes All-purpose Flour
- 1 kopje suiker
- $\frac{1}{2}$ theelepel bakpoeder
- $\frac{1}{2}$ theelepel Zout
- $\frac{1}{4}$ kopje boter; in kleine stukjes gesneden
- 1 kopje hele amandelen; grof hakken
- 1 kop hele gekonfijte kersen
- 2 grote eieren; licht geslagen
- $\frac{1}{2}$ theelepel vanille
- 1 eetlepel Melk (optioneel)

Routebeschrijving

a) Verwarm de oven voor op 350 graden. Vet een grote bakplaat in.

b) Meng bloem, suiker, bakpoeder en zout in een kom. Snijd de boter er met de staafmixer in tot er grove kruimels ontstaan. Roer de amandelen en kersen erdoor. Roer de eieren en vanille erdoor tot alles goed gemengd is. Als het mengsel kruimelig droog is, voeg dan melk toe.

c) Verdeel het mengsel in twee.

d) Op een licht met bloem bestoven oppervlak, met met bloem bestoven handen, het deeg samendrukken en in twee 10-inch-logs vormen. Afvlakken tot 2-½-inch breedte. Leg de logboeken op de voorbereide bakplaat.

e) Bak in een oven van 350 graden gedurende 30 tot 35 minuten. Breng de houtblokken met twee spatels over naar het rek om gedurende 20 minuten af te koelen.

f) Snijd met een gekarteld mes elke stam diagonaal in -inch dikke plakjes.

g) Keer terug naar de bakplaat. Bak 15 minuten of tot de koekjes knapperig en stevig aanvoelen. Breng over naar een rooster om af te koelen. Maximaal 2 weken in een luchtdichte verpakking bewaren.

29.   Hazelnoot en abrikoos biscotti

Opbrengst: 1 porties

Ingrediënten

- 4 kopjes bloem

- $2\frac{1}{2}$ kopje suiker

- 1 theelepel bakpoeder

- $\frac{1}{2}$ theelepel Zout

- 6 eieren

- 2 eierdooiers

- 1 eetlepel Vanille-extract

- 1 kopje hazelnoten, geroosterd, gepeld,

- Gehakt

- $1\frac{1}{2}$ kopje Fijn gesneden gedroogde abrikozen

- 2 eetlepels Water

Routebeschrijving

a) Verwarm de oven voor op 350F.

b) Zeef ondertussen in een grote kom de bloem, suiker, bakpoeder en zout. Klop in een andere kom 5 van de eieren, 2 eidooiers en vanille door elkaar. Meng de losgeklopte eieren met het bloemmengsel en voeg de hazelnoten en abrikozen toe.

c) Kneed het deeg op een licht met bloem bestoven bord 5-7 minuten, of tot het gelijkmatig gemengd is. Als het deeg te kruimelig is om bij elkaar te houden, voeg dan een beetje water toe. Verdeel het deeg in 4 delen en rol elk van deze in een cilinder met een diameter van 2 inch.

d) Plaats 2 cilinders met een tussenruimte van 3 inch op elk van de 2 goed ingevette bakplaten en druk ze iets plat. Klop het resterende ei los met het water en bestrijk elke cilinder met het mengsel. Bak 35 minuten in de voorverwarmde oven, of tot het gaar is.

e) Haal uit de oven en verlaag het vuur tot 325F. Snijd de biscotti diagonaal in inch dik. Spreid de plakjes uit over de bakplaten en zet ze 10 minuten terug in de oven, of tot ze net beginnen te kleuren. Laat afkoelen en bewaar in een luchtdichte pot.

30.   Citroen rozemarijn biscotti

Opbrengst: 30 porties

Ingrediënten

- $\frac{1}{2}$ kopje amandelen; heel geroosterd
- ⅓kopje boter; zoet
- $\frac{3}{4}$ kopje suiker; gegranuleerd
- 2 eieren; groot
- 1 theelepel vanille-extract
- 3 theelepels Citroenschil
- $2\frac{1}{4}$ kopje bloem voor alle doeleinden
- $1\frac{1}{2}$ theelepel verse rozemarijn; fijn gesneden
- $\frac{1}{4}$ theelepel Zout

Routebeschrijving

a) Klop boter en suiker samen. Voeg eieren, vanille, citroenschil, rozemarijn, zout en bakpoeder toe. Voeg één kopje per keer bloem toe.

b) Pat in 2 broden ongeveer 1-inch hoog en 2-inch breed. Bak op 325'F gedurende 25 minuten of tot ze goudbruin zijn.

c) Haal uit de oven en schuif de bakvorm op een snijplank. Snijd de broden in plakken van ongeveer 2,5 cm dik en leg ze op de zijkant op de bakplaat.

d) Zet de bakvorm terug in de oven en bak nog 10 minuten of tot ze knapperig zijn.

SUIKERKOEKJES

31.   Amandelsuiker koekjes

Opbrengst: 32 koekjes

Ingrediënten

- 5 eetlepels Margarine (75 g)

- $1\frac{1}{2}$ eetlepel fructose

- 1 eetlepel Eiwit

- $\frac{1}{4}$ theelepel amandel-, vanille- of citroenextract

- 1 kopje ongebleekt meel

- $\frac{1}{8}$ theelepel bakpoeder

- 1 snuifje Crème van wijnsteen

- 32 Amandelschijfjes

Routebeschrijving

a) Verwarm de oven voor op 350F (180C). Meng in een middelgrote kom margarine en fructose en klop tot het licht en luchtig is. Meng het eiwit en amandelextract erdoor. Roer geleidelijk bloem, bakpoeder en wijnsteen erdoor; goed mengen. Vorm balletjes van $\frac{1}{2}$ inch ($1\frac{1}{2}$ cm). Plaats op een bakplaat met antiaanbaklaag.

b) Dien een glas met platte bodem in bloem en druk op elke bal om het koekje plat te maken. Beleg elk koekje met een plakje amandel. Bak 8 tot 10 minuten, tot ze lichtbruin zijn.

Breng over naar perkament of vetvrij papier om af te koelen.

32.   Suikerkoekjes

Maakt: 48 COOKIES

Ingrediënten

- 1 18,25-ounce witte chocoladecakemix

- $\frac{3}{4}$ kopje boter

- 2 eiwitten

- 2 eetlepels lichte room

Routebeschrijving

a) Doe de cakemix in een grote kom. Gebruik een deegblender of twee vorken om de boter in boter te snijden tot de deeltjes fijn zijn.

b) Mix het eiwit en de room erdoor tot het gemengd is. Vorm het deeg tot een bal en dek af.

c) Koel minimaal twee uur en maximaal 8 uur in de koelkast.

d) Verwarm de oven voor op 375 ° F.

e) Rol het deeg in ballen van 1 "en leg ze op niet-ingevette bakplaten. Maak ze plat tot een dikte van $\frac{1}{4}$" met de bodem van een glas.

f) Bak 7-10 minuten of tot de koekjesranden lichtbruin zijn.

g) Koel 2 minuten op bakplaten en verwijder ze vervolgens op roosters om volledig af te koelen.

33.   Suikerkoekjes met botercrèmeglazuur

OPBRENGST: 5 DOZEN

Ingrediënten

Koekje:

- 1 kop boter

- 1 kopje witte suiker

- 2 eieren

- 1/2 theelepel vanille-extract

- 31/4 kopjes bloem voor alle doeleinden

- 1/2 theelepel bakpoeder

- 1/2 theelepel bakpoeder

- 1/2 theelepel zout

Botercrème glazuur:

- 1/2 kop bakvet

- 1 pond banketbakkerssuiker

- 5 eetlepels water

- 1/4 theelepel zout

- 1/2 theelepel vanille-extract

- 1/4 theelepel botersmaakextract

Routebeschrijving

a) Meng in een grote kom boter, suiker, eieren en vanille met een elektrische mixer tot het licht en luchtig is. Combineer de bloem, bakpoeder, bakpoeder en zout; roer het bloemmengsel geleidelijk door het botermengsel tot het goed gemengd is met een stevige lepel. Koel het deeg 2 uur.

b) Verwarm de oven voor op 400 ° F (200 ° C). Rol het deeg op een licht met bloem bestoven oppervlak uit tot een dikte van 1/4 inch. Snijd in de gewenste vormen met behulp van koekjes uitstekers. Plaats koekjes 2 inch uit elkaar op niet-ingevette bakplaten.

c) Bak 4 tot 6 minuten in de voorverwarmde oven. Haal de koekjes uit de pan en laat ze afkoelen op roosters.

d) Klop met een elektrische mixer het bakvet, de suiker van de banketbakker, het water, het zout, het vanille-extract en de botersmaak tot een luchtig geheel. Frost cookies nadat ze volledig zijn afgekoeld.

34.   Amandelsteensuiker koekjes

Opbrengst: 1 porties

Ingrediënten

- $2\frac{1}{4}$ kopje bloem voor alle doeleinden

- 1 kopje suiker

- 1 kop boter

- 1 ei

- 1 theelepel bakpoeder

- 1 theelepel vanille

- 6 ons Amandelsteentjes

Routebeschrijving

a) Verwarm de oven voor op 350F. Vet bakplaten in. Meng in een grote mengkom bloem, suiker, boter, ei, bakpoeder en vanille. Klop op gemiddelde snelheid, schraap de kom vaak, tot goed gemengd, 2 tot 3 minuten. Roer de stukjes amandelsteen erdoor.

b) Vorm afgeronde theelepel deeg in balletjes van 1 inch. Plaats 2 inch uit elkaar op voorbereide bakplaten. Druk de koekjes plat tot een dikte van inch met de bodem van een beboterd glas gedoopt in suiker.

c) Bak 8 tot 11 minuten of tot de randen heel lichtbruin zijn. Onmiddellijk verwijderen.

35.   Amish suiker koekjes

Opbrengst: 24 porties

Ingrediënten

- $\frac{1}{2}$ kopje suiker;

- ⅓kopje poedersuiker;

- $\frac{1}{4}$ kopje margarine; (1/2 stok)

- ⅓kopje plantaardige olie

- 1 ei; (groot)

- 1 theelepel vanille

- 1 theelepel Citroen- of amandelaroma

- 2 eetlepels Water

- $2\frac{1}{4}$ kopje bloem voor alle doeleinden

- $\frac{1}{2}$ theelepel bakpoeder

- $\frac{1}{2}$ theelepel Crème van wijnsteen;

- $\frac{1}{2}$ theelepel Zout

Routebeschrijving

a) Doe suikers, margarine en olie in een mengkom en mix op middelhoge snelheid tot een romig geheel. Voeg ei, vanille, smaakstof en water toe en meng 30 seconden op gemiddelde snelheid, waarbij je de kom schraapt voor en na het toevoegen van deze ingrediënten.

b) Roer de resterende ingrediënten door elkaar om goed te mengen; voeg toe aan het romige mengsel en meng op gemiddelde snelheid om te mengen. Vorm 24 ballen van het deeg met 1 eetlepel deeg per bal.

c) Plaats ballen op bakplaten die zijn besproeid met panspray of bekleed met aluminiumfolie. Druk de ballen gelijkmatig naar beneden tot $\frac{1}{2}$ 'met de achterkant van een eetlepel gedompeld in water.

d) Bak op 375 gedurende 12 tot 14 minuten, of tot de koekjes bruin zijn aan de onderkant en lichtbruin aan de randen. Verwijder koekjes op een rooster en laat afkoelen tot kamertemperatuur.

36.   Basis koekjes met reuzelsuiker

Opbrengst: 1 porties

Ingrediënten

- $\frac{3}{4}$ kopje reuzel

- $\frac{3}{4}$ kopje Verpakte bruine suiker

- 1 elk ei

- 1 theelepel vanille

- 1 theelepel bakpoeder

2 kopjes bloem

Routebeschrijving

a) Klop het reuzel, de suiker en het ei samen tot het romig en goed gemengd is.

b) Roer de vanille erdoor en voeg het bakpoeder en de bloem toe tot er een deeg ontstaat.

c) Vorm van het deeg balletjes van ongeveer 1 inch in diameter en leg ze op een bakplaat.

d) Druk de balletjes iets plat met je vingers tot een rond koekje. (Bestrooi voor suikerkoekjes de bovenkant met een beetje suiker.) Bak in een voorverwarmde 350 oven tot de randen mooi bruin zijn.

e) Verwijder en laat afkoelen.

37. Kaneel suiker koekjes

Opbrengst: 48 porties

Ingrediënten
- $2\frac{1}{2}$ kopje meel
- $\frac{1}{2}$ kopje boter
- $2\frac{1}{2}$ theelepel bakpoeder
- $\frac{3}{4}$ kopje suiker
- $\frac{1}{4}$ theelepel Zout
- 1 ei; geslagen
- $\frac{1}{8}$ theelepel kaneel
- $\frac{1}{2}$ kopje Karnemelk
- Suiker mengsel
- $\frac{1}{2}$ kopje suiker
- 1 theelepel kaneel

Routebeschrijving

a) Meng bloem met bakpoeder, zout en $\frac{1}{8}$ theelepel kaneel. In een andere kom, roomvet en suiker tot licht en luchtig. Voeg ei toe en klop goed.

b) Roer ⅓ van de bloem erdoor, voeg dan melk en de resterende bloem toe, meng tussen elke toevoeging. Voeg geen bloem meer toe, het zal een zacht deeg vormen dat niet plakkerig zal zijn nadat het is afgekoeld.

c) Zet het deeg een paar uur in de koelkast tot het goed afgekoeld is. Neem eetlepels deeg en vorm er voorzichtig balletjes van.

d) Rol de deegballen in de kaneel/suikermix en druk ze plat en leg ze op een ingevette bakplaat en bak ze op 375 graden gedurende ongeveer 12 minuten.

38.   Gekraakte suikerkoekjes

Opbrengst: 48 porties

Ingrediënten
- 1¼ kopje suiker
- 1 kop boter, verzacht
- 3 grote eidooiers, losgeklopt
- 1 theelepel vanille-extract
- 2½ kopje gezeefde bloem voor alle doeleinden
- 1 theelepel bakpoeder
- ½ theelepel Cream of tartar

Routebeschrijving

a) Verwarm de oven voor op 350 graden. Vet twee bakplaten licht in. Roer suiker en boter samen tot het licht is. Klop de dooiers en vanille erdoor.

b) Zeef de afgemeten gezeefde bloem, bakpoeder en room van wijnsteen bij elkaar en spatel vervolgens door het botersuikermengsel.

c) Vorm van het deeg balletjes ter grootte van een walnoot. Plaats 2 "uit elkaar op de bakplaten. Niet plat maken.

d) Bak ongeveer 11 minuten, tot de bovenkant gebarsten is en net van kleur verandert. Koel op rooster. Maakt 4 dozijn.

39.   Pecan suiker koekjes

Opbrengst: 1 porties

Ingrediënten
- $1\frac{1}{4}$ kopje suiker, lichtbruin Water
- 3 eetlepels Honing
- 1 ei
- $2\frac{1}{3}$ kopje meel
- 1 kop pecannoten, grof gemalen
- $2\frac{1}{2}$ eetlepel kaneel
- 1 eetlepel baksoda
- 1 eetlepel piment

Routebeschrijving

a) Meng in de mengkom bruine suiker, water, honing en ei. Klop ongeveer 10 seconden met mixer.

b) Meng in een aparte kom bloem, pecannoten, kaneel, piment en bakpoeder, bakpoeder en meng goed.

c) Voeg toe aan natte ingrediënten en roer. Laat het beslag bij de theelepels vallen op een ingevette bakplaat. Bak 12 minuten op 375 graden.

d) Maakt ongeveer 3 dozijn koekjes. Laat goed afkoelen voordat je het opbergt.

40.   Kruidensuiker koekjes

Opbrengst: 40 koekjes

Ingrediënten
- $\frac{3}{4}$ kopje Plantaardig bakvet op kamertemperatuur
- 1 kop Stevig verpakte lichtbruine suiker
- 1 groot ei, licht geklopt
- $\frac{1}{4}$ kopje ongezwavelde melasse
- 2 kopjes All-purpose Flour
- 2 theelepels bakpoeder
- 1 theelepel kaneel
- 1 theelepel Gemalen gember
- $\frac{1}{2}$ theelepel Gemalen kruidnagel
- $\frac{1}{4}$ theelepel Zout
- Kristalsuiker om de deegballen in te dippen.

Routebeschrijving

a) Klop in een kom het bakvet met de bruine suiker tot het mengsel licht en luchtig is en roer het ei en de melasse erdoor. Zeef in een andere kom de bloem, het bakpoeder, de kaneel, de gember, de kruidnagel en het zout, voeg het bloemmengsel in porties toe aan het bakvet en meng het deeg goed. Koel het deeg, afgedekt, gedurende 1 uur.

b) Rol afgestreken eetlepels van het deeg tot balletjes, dip een kant van elke bal in de kristalsuiker en leg de balletjes, met de suikerzijde naar boven, ongeveer 10 cm uit elkaar op ingevette bakplaten. Bak de koekjes in porties in het midden van een voorverwarmde oven van 375 graden F gedurende 10 tot 12 minuten, of totdat ze gepoft en gebarsten zijn. breng de koekjes met een metalen spatel over naar rekken en laat ze afkoelen. Maakt ongeveer 40 koekjes.

41.   Pistache suiker koekjes

Opbrengst: 1 porties

Ingrediënten
- $\frac{1}{2}$ kopje boter
- 1 kopje suiker
- 1 groot ei
- 1 theelepel vanille
- $1\frac{1}{4}$ kopje gezeefde bloem
- 1 theelepel bakpoeder
- $\frac{1}{4}$ theelepel Zout
- ⅓ kopje fijngehakte pistachenoten

Routebeschrijving

a) Roomboter en suiker in een grote kom tot ze zacht en luchtig zijn; klop het ei en de vanille erdoor. Combineer bloem, bakpoeder en zout; voeg toe aan het afgeroomde mengsel en meng goed. Koel het deeg grondig.

b) Verwarm de oven voor op 375ø. Rol het deeg uit tot een dikte van inch op een licht met bloem bestoven bord. Snijd met uitsteekvormpjes en schik ze op niet ingevette bakplaten. Strooi er gehakte pistachenoten over; licht naar beneden drukken.

c) Bak op 375ø gedurende ongeveer 5 minuten of tot de randen bruin beginnen te worden.

d) Verwijder naar draadrekken om af te koelen.

KAASKOEKJES

42. Kaas voorgerecht koekjes

Opbrengst: 1 portie

Ingrediënten

- 4 ons (1 kop) geraspte scherpe cheddarkaas.

- $\frac{1}{2}$ kopje Mayonaise of boter verzacht

- 1 kopje bloem voor alle doeleinden

- $\frac{1}{2}$ theelepel Zout

- 1 scheutje gemalen rode peper

Routebeschrijving

a) Lepel bloem licht in maatbeker; afvlakken.

b) Meng in een gematigde schaal kaas, margarine, bloem, zout en rode peper. Meng grondig en dek af en laat 1 uur afkoelen.

c) Vorm het deeg in balletjes van 1 inch.

d) Plaats 2 inch uit elkaar op niet-ingevette bakplaat. Maak het plat met de tanden van een vork of gebruik een vleesvermalser gedompeld in bloem.

e) Desgewenst licht besprenkelen met paprikapoeder.

f) Grill 10 tot 12 minuten

43.   Chocolade koekjes

Porties: 12 koekjes

Ingrediënten:

- $\frac{1}{2}$ kopje boter

- ⅓ kopje roomkaas

- 1 ei losgeklopt

- 1 theelepel vanille-extract

- ⅓ kopje erythritol

- $\frac{1}{2}$ kopje kokosmeel

- ⅓ kopje suikervrije chocoladeschilfers

Routebeschrijving:

a) Verwarm de heteluchtfriteuse voor op 350 ° F. Bekleed het mandje van de Airfryer met bakpapier en plaats de koekjes erin

b) Meng in een kom boter en roomkaas. Voeg erythritol en vanille-extract toe en klop tot een luchtig geheel. Voeg het ei toe en klop tot het is opgenomen. Meng kokosmeel en chocoladeschilfers. Laat het deeg 10 minuten rusten.

c) Schep ongeveer 1 eetlepel deeg uit en vorm de koekjes.

d) Doe de koekjes in het mandje van de Airfryer en bak ze 6 minuten.

44.   Abrikozenroomkaaskoekjes

Opbrengst: 4 porties

Ingrediënten

- 1½ kopje margarine
- 1½ kopje suiker
- 8 ons Philadelphia roomkaas
- 2 eieren
- 2 eetlepels Citroensap
- 1½ theelepel Citroenschil
- 4½ kopje meel
- 1½ theelepel bakpoeder
- Abrikozenvulling
- Suiker, banketbakkers
- 11 ons Abrikozen, gedroogd
- ½ kopje suiker

Routebeschrijving

a) Combineer margarine, suiker en zachte roomkaas en meng tot alles goed is

b) blended. Mix de eieren, het citroensap en de schil erdoor. Voeg de gecombineerde droge ingrediënten toe aan het roomkaasmengsel en meng goed en laat afkoelen. Rol in middelgrote bal. Plaats op niet ingevette bakplaat. Druk iets plat, streep het midden in, leg de abrikozenvulling in het midden. Bak 350 graden gedurende 15 minuten. Laat iets afkoelen en strooi er poedersuiker over.

c) **Vulling:** Doe 1 pak. (11 oz.) Abrikozen in pan en voeg water toe, dek af. Voeg ½ kopje (of naar smaak) suiker toe en breng aan de kook.

d) Dek af en laat 10 minuten sudderen of tot de abrikozen zacht zijn en het meeste water is opgenomen. Wrijf door een zeef of wervel in de blender. Maakt 2 kopjes.

45.   Kaas pindakaas koekjes

Opbrengst: 12 porties

Ingrediënten
- ½ kopje pindakaas
- 1 kopje versnipperd scherp of mild
- Cheddar kaas
- ⅔kopje boter, verzacht
- 1½ kopje ongebleekte bloem voor alle doeleinden
- ½ theelepel Zout

Routebeschrijving

a) Meng in een middelgrote kom de pindakaas, kaas, boter, bloem en zout. Goed mengen. Dek af en laat 1 uur afkoelen.
b) Verwarm de oven tot 375 graden F. Plaats een theelepel deeg 2 inch uit elkaar op een bakplaat en bak 10 tot 12 minuten of tot ze goudbruin zijn.

46.   Cottage cheese koekjes

Opbrengst: 6 porties

Ingrediënten
- $\frac{1}{2}$ kopje boter of botervervanger
- $1\frac{1}{2}$ kopje meel
- 2 theelepels bakpoeder
- $\frac{1}{2}$ kopje kwark
- $\frac{1}{2}$ kopje suiker
- $\frac{1}{2}$ theelepel Zout

Routebeschrijving

a) Roomboter en kaas tot ze goed gemengd zijn. Bloem zeven, meten en zeven met suiker, bakpoeder en zout. Voeg geleidelijk toe aan het eerste mengsel. Vorm tot een brood. Chill 's nachts. Snijd dun.

b) Leg op licht geoliede bakplaat. Bak in een matige oven (400 F) 10 minuten, of tot delicaat bruin.

47.   Havermoutkoekjes met kwark

Opbrengst: 1 porties

Ingrediënten
- 1 kop meel
- 1 theelepel Zout
- $\frac{1}{2}$ theelepel bakpoeder
- 1 theelepel kaneel
- $1\frac{1}{2}$ kopje suiker
- $\frac{1}{2}$ kopje melasse
- 1 Ei geklopt
- 1 theelepel Citroenschil
- 1 eetlepel Citroensap
- $\frac{3}{4}$ kopje gesmolten bakvet
- $\frac{1}{2}$ kopje geroomde kwark
- 3 kopjes Snelkokende havermout

Routebeschrijving

a) Bloem, zout, bakpoeder en kaneel door elkaar zeven. Meng de volgende vijf ingrediënten en voeg dan het gezeefde bloemmengsel, het bakvet en de kwark toe.

b) Meng in gerolde haver. Laat theelepels op een ingevette bakplaat vallen en bak op 350-375 tot ze gaar zijn. Maakt 4 dozijn koekjes.

48.   Roomkaas en gelei koekjes

Opbrengst: 36 koekjes

Ingrediënten
- $\frac{3}{4}$ kopje margarine, verzacht
- 8 ons Pkg. gereduceerd=vette roomkaas, verzacht
- $2\frac{1}{2}$ theelepel zoetstof
- 2 kopjes All-purpose Flour
- $\frac{1}{4}$ theelepel Zout
- $\frac{1}{4}$ kopje zwarte kers OF pitloos smeerbaar fruit met frambozen

Routebeschrijving

a) Klop margarine, roomkaas en Equal Measure in een middelgrote kom tot het luchtig is; meng de bloem en het zout erdoor en vorm een zacht deeg. Koel, afgedekt, tot het deeg stevig is, ongeveer 3 uur.

b) Rol het deeg op een licht met bloem bestoven oppervlak in een cirkel van $\frac{1}{8}$ inch dik, snijd in rondjes met een 3-inch mes. Plaats afgerond $\frac{1}{4}$ theelepel smeerbaar fruit in het midden van elke ronde; vouw de rondjes doormidden en druk de randen stevig aan met de tanden van een vork. Prik met de punt van een scherp mes de bovenkant van de koekjes door.

c) Bak koekjes op ingevette bakplaten in een voorverwarmde 350 ~ oven tot ze lichtbruin zijn, ongeveer 10 minuten. Koel op roosters.

49. Roomkaas uitgesneden koekjes

Opbrengst: 5 porties

Ingrediënten
- 1 kop suiker;
- 1 kopje margarine; verzacht -=OF=-
- 1 kop boter
- 1 pakje (3-oz) roomkaas, verzacht
- 1 theelepel vanille
- 1 ei;
- $2\frac{1}{2}$ kopje All-voorstellen meel; -=OF=-
- $2\frac{1}{2}$ kopje ongebleekt meel
- $\frac{1}{4}$ theelepel Zout;
- Gekleurde suiker; INDIEN GEWENST

Routebeschrijving

a) Klop in een grote kom de suiker, margarine, roomkaas licht en luchtig. Voeg de vanille en het ei toe, meng goed.

b) Lepel bloem licht in maatbeker, strijk af. Roer bloem en zout door margarine; goed mengen. Dek af met plasticfolie; één tot twee uur in de koelkast bewaren, gemakkelijker te hanteren. Verwarm oven 375 F.

c) Op een licht met bloem bestoven; dikte; koel het resterende deeg. Snijd het opgerolde deeg in de gewenste vormen met bebloemde koekjesvormpjes. Plaats 1 "uit elkaar op niet-ingevette bakplaat.

d) Laat de koekjes onbewerkt of bestrooi ze met gekleurde suiker.

e) Bak de koekjes op 375 graden gedurende 7 - 10 minuten, of tot de randen lichtbruin zijn. Koel een minuut; verwijderen van bakpapier. Frost en versier desgewenst gewone koekjes.

50.   Jumbo roomkaas pindakaas koekje

Opbrengst: 12 porties

Ingrediënten
- 1 rol gekoelde Slice 'n' Bake Cookies
- $\frac{3}{4}$ kopje pindakaas
- 4 ons roomkaas; verzacht
- 3 eetlepels Suiker
- $\frac{1}{8}$ theelepel Zout
- 3 eetlepels Margarine of Boter, Verzacht
- 2 eetlepels Melk
- 2 theelepels vanille-extract
- $\frac{1}{2}$ kopje Pinda's; Gehakt

Routebeschrijving

a) Verwarm de oven tot 375 graden F. Rol het koekjesdeeg uit op een 12-inch pizzapan. Bak 12 tot 13 minuten of tot ze goudbruin zijn.

b) Laat afkoelen tot het koud aanvoelt. Meng in een kleine kom de pindakaas, roomkaas, suiker, zout, margarine, melk en vanille. Klop op gemiddelde snelheid, van een elektrische mixer, tot het licht en luchtig is. Verdeel het mengsel over het koekje en bestrooi met de gehakte pinda's. Snijd in partjes.

51.   Mexicaanse kaaskoekjes

Opbrengst: 24 porties

Ingrediënten
- $\frac{1}{2}$ kopje suiker
- ⅓kopje margarine
- 1 kop Monterey jack kaas --
- versnipperd
- 1 kopje bloem voor alle doeleinden
- 1 theelepel bakpoeder
- $\frac{1}{4}$ theelepel Zout
- 1 groot ei -- geklopt

Routebeschrijving

a) Verwarm de oven voor op 375 graden. 1-Meng suiker en zachte margarine; roer er kaas door. Roer de overige ingrediënten erdoor behalve het ei. 2 Rol het deeg met een theelepel in stokjes, ongeveer $3\frac{1}{2}$ bij $\frac{1}{2}$ inch. Leg op licht ingevette bakplaat. Druk lichtjes op de stokjes om ze plat te maken. Bestrijk met losgeklopt ei.

b) 3-Bak tot lichtbruin alleen rond de randen, 8-10 minuten. Onmiddellijk van het vel halen en afkoelen op roosters. Deze unieke koekjes zijn knapperig.

52.   Sinaasappel-roomkaas koekjes

Opbrengst: 48 porties

Ingrediënten

- $\frac{1}{2}$ kopje verkorting
- 2 eieren
- 2 eetlepels Geraspte sinaasappelschil
- 2 kopjes gezeefde bloem
- 12 ons Chocoladeschilfers
- 1 kopje suiker
- 8 ons Roomkaas
- 2 theelepels vanille
- 1 theelepel Zout

Routebeschrijving

a) Roombakvet, suiker en eieren samen; voeg roomkaas, sinaasappelschil en vanille toe. Voeg geleidelijk bloem toe waaraan zout is toegevoegd; goed mengen.

b) Meng in chocoladeschilfers. Druppel van een theelepel op een niet-ingevette bakplaat.

c) Bak in een oven van 350 graden ongeveer 10 tot 12 minuten.

53. Kruidenkaas-appelkoekjes

Opbrengst: 1 porties

Ingrediënten
- $\frac{3}{4}$ kopje bloem voor alle doeleinden
- $\frac{3}{4}$ kopje volkoren meel
- 1 kop Scherpe cheddar, geraspt
- 4 eetlepels bakvet met botersmaak
- 1 ei
- $\frac{1}{2}$ kopje Karnemelk
- 2 Appels, geschild, klokhuis en fijn gesneden
- 1 theelepel verse peterselie, gehakt

Routebeschrijving

a) Verwarm de oven voor op 400 øF. Combineer meel en kaas en snijd in bakvet. Klop het ei met de karnemelk los en giet het bij het bloemmengsel.

b) Voeg appels en peterselie toe aan het natte bloemmengsel en roer tot er zacht deeg ontstaat. Laat de eetlepel op een niet-ingevette bakplaat vallen en bak 15 tot 20 minuten.

54.   Ricotta kaas koekjes

Opbrengst: 5-8 porties

Ingrediënten
- $\frac{1}{2}$ pond margarine
- 2 eieren
- 1 pond Ricotta-kaas
- 2 kopjes suiker
- 1 theelepel bakpoeder
- 1 theelepel bakpoeder
- 4 kopjes bloem
- 2 theelepels vanille- of citroenextract
- $\frac{1}{4}$ theelepel nootmuskaat

Routebeschrijving

a) Klop boter en suiker romig en voeg het extract toe. Voeg een voor een het ei toe, goed kloppend na elke toevoeging. Voeg kaas toe en klop 1 min.

b) Voeg langzaam droge ingrediënten toe. Drop door theelepels op niet ingevette bakplaat. Bak op 350 ° gedurende 12-15 minuten.

c) Zet op een rooster om af te koelen en bestrooi met poedersuiker indien gewenst.

55.   Chewy choco-roomkaas koekjes

Opbrengst: 48 porties

Ingrediënten
- 8 ons Lichte roomkaas
- $\frac{1}{2}$ kopje margarine
- 1 ei
- $1\frac{1}{2}$ kopje suiker
- 300 gram Chocoladeschilfers; verdeeld
- $2\frac{1}{4}$ kopje meel
- $1\frac{1}{2}$ theelepel bakpoeder
- $\frac{1}{2}$ kopje gehakte walnoten

Routebeschrijving

a) Klop de roomkaas met boter, ei en suiker licht en luchtig.
   Smelt 1 kopje chocoladeschilfers.
b) Roer door het beslag. Roer bloem, bakpoeder en walnoten
   erdoor samen met de resterende chocoladeschilfers.
   Druppel van een eetlepel op een niet-ingevette bakplaat.
c) Bak op 350 graden gedurende 10-12 minuten of tot het
   stevig rond de randen is. Haal uit de bakplaten en laat
   afkoelen.

GEMBER KOEKJES

56.   Oma's Gingersnaps

Ingrediënten

- 3/4 kop margarine
- 1 kopje witte suiker
- 1 ei
- 1/4 kop melasse
- 2 kopjes All-purpose Flour
- 1 eetlepel gemalen gember
- 1 theelepel gemalen kaneel
- 2 theelepels bakpoeder
- 1/2 theelepel zout
- 1/2 kopje witte suiker voor decoratie

Routebeschrijving

a) Verwarm de oven voor op 350°F (175°C).

b) Klop in een middelgrote kom de margarine en 1 kop witte suiker tot een gladde massa. Klop het ei en de melasse erdoor tot het goed gemengd is. Combineer de bloem, gember, kaneel, bakpoeder en zout; roer door het melassemengsel tot een deeg. Rol het deeg in ballen van 1 inch en rol de ballen in de resterende suiker. Plaats koekjes 2 inch uit elkaar op niet-ingevette bakplaten.

c) Bak 8 tot 10 minuten in de voorverwarmde oven. Laat de koekjes 5 minuten afkoelen op de bakplaat voordat je ze op een rooster legt om volledig af te koelen.

57.   Gingerbread Boys

Ingrediënten

- 1 kop boter, verzacht
- 1 1/2 kopjes witte suiker
- 1 ei
- 11/2 eetlepels sinaasappelschil
- 2 eetlepels donkere glucosestroop
- 3 kopjes bloem voor alle doeleinden
- 2 theelepels bakpoeder
- 2 theelepels gemalen kaneel
- 1 theelepel gemalen gember
- 1/2 theelepel gemalen kruidnagel
- 1/2 theelepel zout

Routebeschrijving

a) Klop de boter en de suiker samen. Voeg het ei toe en meng goed. Meng de sinaasappelschil en donkere glucosestroop. Voeg de bloem, bakpoeder, kaneel, gember, gemalen kruidnagel en zout toe en meng tot alles goed gemengd is. Koel het deeg minimaal 2 uur.

b) Verwarm de oven voor op 375 ° F (190 ° C). Vet bakplaten in. Rol het deeg op een licht met bloem bestoven oppervlak uit tot een dikte van 1/4 inch. Snijd in de gewenste vormen met behulp van koekjes uitstekers. Plaats cookies 1-inch uit elkaar op de voorbereide bakplaten.

c) Bak 10 tot 12 minuten in de voorverwarmde oven, tot de koekjes stevig zijn en licht geroosterd aan de randen.

58.   Chocolade Rum Ballen

Ingrediënten

- 3 1/4 kopjes gemalen vanillewafeltjes

- 3/4 kop banketbakkerssuiker

- 1/4 kop ongezoet cacaopoeder

- 1 1/2 kopjes gehakte walnoten

- 3 eetlepels lichte glucosestroop

- 1/2 kopje rum

Routebeschrijving

a) Roer in een grote kom de geplette vanillewafels, 3/4 kop banketbakkerssuiker, cacao en noten door elkaar. Meng de glucosestroop en rum.

b) Vorm in 1-inch ballen en rol in extra banketbakkerssuiker. Bewaar enkele dagen in een luchtdichte verpakking om de smaak te ontwikkelen. Rol opnieuw in banketbakkerssuiker voor het opdienen.

59.   Gembermelasse koekjes

Opbrengst: 72 porties

Ingrediënten

- 2½ kopje meel
- 2 theelepels Gemalen gember
- 1 theelepel kaneel
- 2 theelepels bakpoeder
- ½ theelepel Zout
- 12 eetlepels Ongezouten Boter
- 1 kopje bruine suiker
- 1 ei
- ⅓ kopje melasse
- Suiker om te rollen

Routebeschrijving

a) Combineer bloem, kruiden, frisdrank en zout. Klop met een elektrische mixer op middelhoge snelheid boter en suiker tot ze licht en luchtig zijn. Klop het ei en de melasse erdoor. Verlaag de snelheid naar laag en voeg geleidelijk het bloemmengsel toe tot het net gemengd is. Koel tot stevig, ongeveer 1 uur. Verwarm de oven tot 350~.

b) Vorm het deeg in ongeveer 1 "ballen, rol in suiker en plaats ongeveer 2" uit elkaar op een bakplaat. Bak tot de randen bruin beginnen te worden, ongeveer 15 min. Koel af op bakplaat 2 min, verplaats dan naar roosters.

60.   Taaie gember kerstkoekjes

Opbrengst: 1 porties

Ingrediënten

- 2 kopjes suiker

- 1 kopje melasse

- 1 kopje Crisco

- 2 eieren

- 2 theelepels Frisdrank

- 4 kopjes bloem

- 2 theelepels gember

- 2 theelepels kaneel

- 1 theelepel Kruidnagel

- ½ theelepel Zout

Routebeschrijving

a) Meng goed met de hand en voeg toe: Alles door elkaar mengen (met de hand - niet mixer).

b) Rol balletjes ter grootte van een kleine walnoot en rol ze vervolgens in rood en groen gekleurde suiker. Bak ongeveer 9 minuten op 350 graden. De koekjes zien er niet helemaal gaar uit, maar bakken ze niet totdat ze hard worden en ze taai maken. De koekjes zinken naar beneden en hebben barsten.

61.   Laat gemberkoekjes vallen

Opbrengst: 1 porties

Ingrediënten

- 1 kopje suiker
- 1 kopje melasse
- 1 kopje verkorting
- 3 eieren
- 1 kopje water; heet
- 1 eetlepel baksoda
- 1 eetlepel Gember
- 1 theelepel Zout
- 5 kopjes bloem

Routebeschrijving

a) Crème bakvet en suiker. Voeg eieren toe, klop goed. Voeg melasse, gember en zout toe. Klop opnieuw. Voeg frisdrank toe aan heet water. Goed roeren.

b) Voeg toe aan bovenstaand mengsel. Voeg bloem toe en druppel voor lepel op een ingevette pan.

c) Bak in een matige oven.

62.   Gember-citroen koekjes

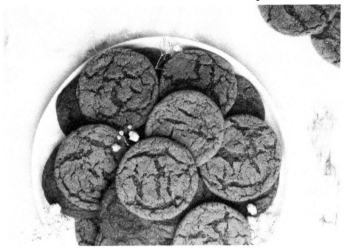

Opbrengst: 36 porties

Ingrediënten

- $\frac{1}{4}$ pond ongezouten boter
- $\frac{3}{4}$ kopje suiker; plus
- 2 eetlepels suiker-- plus meer
- Om te besprenkelen
- 1 groot ei
- 1 eetlepel Geraspte citroenschil
- 1⅓kopje bloem voor alle doeleinden
- $\frac{1}{2}$ theelepel Gemalen gember
- $\frac{1}{2}$ theelepel bakpoeder
- $\frac{1}{4}$ theelepel Zout
- $\frac{1}{4}$ kopje Gekristalliseerde gember in 1/8 "dobbelstenen

Routebeschrijving

a) Verwarm de oven voor op 350 graden. Bekleed 2 bakplaten met perkament; opzij zetten.

b) In een elektrische mixer, gebruik een peddel om boter en suiker op middelhoge snelheid te mengen tot ze licht en luchtig zijn gedurende ongeveer 5 minuten, waarbij je twee keer langs de zijkanten van de kom schraapt. Voeg ei toe; mix op hoge snelheid om te combineren.

c) Voeg schil toe; mix om te combineren. Meng in een kom bloem, gemalen gember, bakpoeder, zout en gekristalliseerde gember, voeg toe aan het botermengsel; mix op medium-lage snelheid om te combineren, ongeveer 20 seconden. Laat met twee lepels ongeveer 2 theelepels beslag op de bakplaat vallen; herhaal, met een onderlinge afstand van 2 inch.

d) Bak 7 minuten. Maakt 3 dozijn.

63.   Magere gemberkoekjes

Opbrengst: 1 porties

Ingrediënten

- 1 kop Verpakte bruine suiker
- $\frac{1}{4}$ kopje Appelmoes
- $\frac{1}{4}$ kopje melasse
- 1 groot ei
- $2\frac{1}{4}$ kopje meel
- 3 theelepels Gemalen gember
- $1\frac{1}{2}$ theelepel kaneel
- $\frac{1}{4}$ theelepel Gemalen kruidnagel
- 1 theelepel bakpoeder
- $\frac{1}{4}$ kopje witte suiker

Routebeschrijving

a) Klop de bruine suiker, appelmoes, melasse en het ei in een grote kom tot een glad mengsel. Meng in een andere kom de overige ingrediënten (behalve de witte suiker) en roer door het natte mengsel. Dek af en zet minimaal 2 uur of een nacht in de koelkast.

b) Verwarm de oven voor op 350 graden. Vorm van het deeg kleine balletjes ter grootte van een walnoot, rol ze in witte suiker en leg ze 5 cm uit elkaar op een ingevette bakplaat.

c) Bak gedurende 10-15 minuten.

d) Verwijder en laat afkoelen op een rooster.

64. Pompoen en verse gemberkoekjes

Opbrengst: 2 dozijn

Ingrediënten
- $1\frac{1}{4}$ kopje Verpakte lichtbruine suiker
- 1 kop Pompoenpuree
- 1 groot ei
- 2 eetlepels Geraspte verse gemberwortel
- 2 eetlepels zure room
- 1 theelepel vanille
- $\frac{1}{2}$ kopje ongezouten boter verzacht
- $2\frac{1}{4}$ kopje meel
- 1 theelepel bakpoeder
- 1 theelepel bakpoeder
- $\frac{1}{2}$ theelepel Zout
- $\frac{1}{2}$ theelepel kaneel
- 1 kop gehakte walnoten
- 1 kopje krenten of gehakte rozijnen

Routebeschrijving

a) Verwarm de oven voor op 350 en vet de bakplaten licht in. Combineer suiker, pompoen, ei, gember, zure room en vanille in de keukenmachine.

b) Verwerk een gladde puree. Voeg de boter toe en verwerk nog 8 seconden.

c) Meng de bloem bakpoeder, bakpoeder, zout en kaneel. Roer de droge ingrediënten in 2 fasen door de vloeistof tot ze gemengd zijn.

65.   Zachte gemberkoekjes

Opbrengst: 1 porties

Ingrediënten
- 12 kopjes meel
- 4 kopjes melasse
- 2 kopjes verkorting
- 2 kopjes melk; zuur
- 2 theelepels bakpoeder
- 2 eetlepels Gember
- 2 eetlepels kaneel
- 1 theelepel Zout
- 2 eieren; geslagen

Routebeschrijving

a) Zeef de bloem in de pan, vorm een kuiltje in het midden. Voeg bakvet, melasse toe.

b) zure melk waarin soda is opgelost. Voeg kruiden, zout en ei toe.

c) Mix snel tot een glad zacht deeg. Bak in een matige oven.

66.   Zoete dromen gemberkoekjes

Opbrengst: 72 porties

Ingrediënten

- 2 Stokken margarine; verzacht
- 1½ kopje Lichtbruine suiker; stevig verpakt
- 2 eieren
- 2¼ kopje bloem voor alle doeleinden
- 1 theelepel bakpoeder
- ½ theelepel Zout
- 1 theelepel kaneel
- 1 theelepel Gemalen gember
- 1 kop gehakte pecannoten
- 12 ons vanille stukjes
- 1 theelepel vanille-extract

Routebeschrijving

a) Klop margarine, bruine suiker en eieren romig. Meng en voeg dan bloem, bakpoeder, zout, kaneel en gember toe. Vouw de pecannoten, vanillechips en vanille erdoor.

b) Vorm balletjes van een inch. Rol balletjes in banketbakkerssuiker.

c) Bak 8-10 minuten op 375 graden.

GELATEN COOKIES

67.   Sinaasappel-cranberry-druppels

Ingrediënten

- 1/2 kop verpakte bruine suiker
- 1/4 kop boter, verzacht
- 1 ei
- 3 eetlepels sinaasappelsap
- 1/2 theelepel sinaasappelextract
- 1 theelepel geraspte sinaasappelschil
- 1 1/2 kopjes bloem voor alle doeleinden
- 1/2 theelepel bakpoeder
- 1/4 theelepel bakpoeder
- 1/4 theelepel zout
- 1 kop gedroogde veenbessen

Routebeschrijving

a) Verwarm de oven voor op 375 ° F (190 ° C). Vet de bakplaten licht in of bekleed ze met bakpapier.

b) Klop in een middelgrote kom de witte suiker, bruine suiker en boter samen. Roer het ei, sinaasappelsap, sinaasappelextract en sinaasappelschil erdoor. Zeef de bloem, bakpoeder, bakpoeder en zout samen; meng door het sinaasappelmengsel. Roer de gedroogde veenbessen erdoor. Laat koekjesdeeg vallen door theelepels, 2 inch uit elkaar, op de voorbereide bakplaten te stapelen.

c) Bak 10 tot 12 minuten, of tot de randen bruin beginnen te worden. Laat 5 minuten afkoelen op bakplaten en leg ze vervolgens op een rooster om volledig af te koelen.

68. Suikerpruim Druppels

Ingrediënten

- 1/2 kop boter, verzacht
- 1/2 kop bakvet
- 11/2 kopjes witte suiker
- 2 eieren
- 2 theelepels vanille-extract
- 2 3/4 kopjes bloem voor alle doeleinden
- 2 theelepels cream of tartar
- 1 theelepel bakpoeder
- 1/4 theelepel zout
- 2 eetlepels witte suiker
- 2 theelepels gemalen kaneel

Routebeschrijving

a) Verwarm de oven voor op 400 ° F (200 ° C).

b) Klop boter, bakvet, 1 1/2 kopjes suiker, de eieren en de vanille samen. Meng de bloem, room van wijnsteen, soda en zout erdoor. Vorm het deeg met ronde lepels tot balletjes.

c) Meng de 2 eetlepels suiker en de kaneel. Rol balletjes deeg in het mengsel. Plaats 2 inch uit elkaar op niet-ingevette bakplaten.

d) Bak 8 tot 10 minuten, of tot het gaar is, maar niet te hard. Verwijder onmiddellijk van bakplaten.

69.   Koekjes met Weense Halve Maan

Ingrediënten

- 2 kopjes All-purpose Flour
- 1 kop boter
- 1 kop hazelnoten, gemalen
- 1/2 kopje gezeefde banketbakkerssuiker
- 1/8 theelepel zout
- 1 theelepel vanille-extract
- 2 kopjes gezeefde banketbakkerssuiker
- 1 vanillestokje

Routebeschrijving

a) Verwarm de oven voor op 375 ° F (190 ° C).

b) Meng in een grote mengkom bloem, boter, noten, 1/2 kopje banketbakkerssuiker, zout en vanille. Handmix tot grondig gemengd. Vorm het deeg tot een bal. Dek af en zet 1 uur in de koelkast.

c) Doe ondertussen de suiker in een kom of kleine kom. Met scherp koksmes het vanillestokje in de lengte splitsen. Schraap de zaadjes eruit en meng ze door de suiker. Snijd de peul in stukjes van 2 inch en meng ze onder de suiker.

d) Haal het deeg uit de koelkast en vorm balletjes van 1 inch. Rol elke bal in een kleine rol, 3 inch lang. Laat 2 centimeter uit elkaar vallen op een niet-ingevette bakplaat en buig ze elk om een halvemaanvorm te maken.

e) Bak 10 tot 12 minuten in de voorverwarmde oven, of tot het gaar maar niet bruin is.

f) Laat 1 minuut staan en verwijder dan van de bakplaten. Leg warme koekjes op een groot vel aluminiumfolie. Bestrooi met het voorbereide suikermengsel. Draai voorzichtig om aan beide kanten te coaten. Koel volledig af en bewaar in een luchtdichte verpakking bij kamertemperatuur. Bestrijk vlak voor het opdienen met meer vanillesuiker.

70.   Cranberry Hootycreek Druppels

Ingrediënten

- 5/8 kopje bloem voor alle doeleinden
- 1/2 kop gerolde haver
- 1/2 kop bloem voor alle doeleinden
- 1/2 theelepel bakpoeder
- 1/2 theelepel zout
- 1/3 kop verpakte bruine suiker
- 1/3 kopje witte suiker
- 1/2 kop gedroogde veenbessen
- 1/2 kopje witte chocoladeschilfers
- 1/2 kop gehakte pecannoten

Routebeschrijving

a) Laag de ingrediënten in een pot van 1 liter of 1 liter, in de aangegeven volgorde.

b) 1. Verwarm de oven voor op 350 ° F (175 ° C). Vet een bakplaat of lijn in met bakpapier.

c) 2. Klop in een middelgrote kom 1/2 kop zachte boter, 1 ei en 1 theelepel vanille tot een luchtig geheel. Voeg de hele pot met ingrediënten toe en meng met de hand tot alles goed gemengd is. Druppel door lepels op de voorbereide bakplaten te stapelen.

d) 3. Bak 8 tot 10 minuten, of totdat de randen bruin beginnen te worden. Laat afkoelen op bakplaten, of verwijder om af te koelen op roosters.

71.   Appel-rozijnen drop cookies

Opbrengst: 1 porties

Ingrediënten

- 1 pak Pillsbury Moist Supreme Yellow Cake Mix
- 1 theelepel kaneel
- $\frac{1}{2}$ theelepel nootmuskaat
- $\frac{1}{2}$ kopje zure room
- 2 eieren
- 1 kop appel; Grof versnipperd
- $\frac{1}{2}$ kopje rozijnen
- 2 eetlepels poedersuiker
- 4 dozijn koekjes.

Routebeschrijving

a) Verwarm de oven tot 350F. Vet bakplaten in. Meng in een grote kom cakemix, kaneel, nootmuskaat, zure room en eieren; goed mengen.

b) Roer de appel en rozijnen erdoor. Laat het deeg vallen door theelepels met een tussenruimte van 1 inch op ingevette bakplaten te stapelen. 2.

c) Bak 10 tot 14 minuten of tot de randen goudbruin zijn.

d) Verwijder onmiddellijk van de bakplaten. Koel 5 minuten of tot het volledig is afgekoeld. Bestrooi eventueel met poedersuiker.

72.   Blueberry drop cookies

Opbrengst: 30 porties

Ingrediënten

- 2 kopjes gezeefde bloem
- 2 theelepels bakpoeder
- $\frac{1}{4}$ theelepel Zout
- $\frac{3}{4}$ kopje verkorting
- 1 kopje suiker
- 2 eieren
- $1\frac{1}{2}$ theelepel geraspte citroenschil
- $\frac{1}{2}$ kopje melk
- 1 kopje verse bosbessen

Routebeschrijving

a) Bloem, bakpoeder en zout door elkaar zeven. Crème verkorten tot zacht en geleidelijk in suiker kloppen. Voeg eieren en citroenschil toe en klop tot alles goed gemengd is. Voeg het bloemmengsel afwisselend met melk toe en klop tot een gladde massa na elke toevoeging.

b) Vouw de bosbessen lichtjes in. Drop door theelepels op ingevette bakplaat. Bak op 375 gedurende 10-12 minuten.

73.   Cherry drop cookies

Opbrengst: 48 porties

Ingrediënten

- 1 pakje Cherry Supreme Deluxe Cake
- $\frac{1}{2}$ kopje bakolie
- 2 eetlepels Water
- 2 eieren
- Paar druppels rode kleurstof
- 1 kop gehakte noten
- Maraschino-kers in vieren

Routebeschrijving

a) Verwarm de oven voor op 350 graden. Meng cakemix, olie, water, eieren en kleurstof. Roer de noten erdoor. Druppel van een theelepel op een niet ingevette bakplaat. Beleg elk koekje met een kwart maraschinokers.

b) Bak gedurende 10-12 minuten. Koel ongeveer 1 minuut op een bakplaat en vervolgens op een rooster om af te koelen.

74.   Cacao drop cookies

Opbrengst: 5 dozijn

Ingrediënten

- $\frac{1}{2}$ kopje verkorting
- 1 kopje suiker
- 1 ei
- $\frac{3}{4}$ kopje Karnemelk
- 1 theelepel vanille-extract
- $1\frac{3}{4}$ kopje bloem, universeel
- $\frac{1}{2}$ theelepel Frisdrank
- $\frac{1}{2}$ theelepel Zout
- $\frac{1}{2}$ kopje Cacao
- 1 kop pecannoten; gehakt (of walnoten)

Routebeschrijving

a) Crème verkorting; voeg geleidelijk suiker toe, kloppend tot het licht en luchtig is. Ei toevoegen, goed kloppen. Roer de karnemelk en het vanille-extract erdoor.

b) Combineer bloem, soda, zout en cacao; voeg toe aan het afgeroomde mengsel, goed kloppend. Roer de pecannoten erdoor. Koel deeg 1 uur.

c) Laat het deeg met theelepels, 2 inch uit elkaar, op ingevette bakplaten vallen.

d) Bak op 400 graden gedurende 8 tot 10 minuten.

75. Datum gevulde drop cookies

Opbrengst: 30 koekjes

Ingrediënten

- 4 kopjes Basis koekjesmix
- $\frac{1}{4}$ theelepel kaneel
- 2 eieren, losgeklopt
- 1 kop gehakte dadels
- 3 eetlepels Suiker
- 1 theelepel vanille
- $\frac{1}{4}$ kopje water of karnemelk
- walnoot helften
- 3 eetlepels Water
- $\frac{1}{4}$ kopje gehakte noten

Routebeschrijving

a) Combineer dadels, suiker en water in een kleine steelpan. Kook op middelhoog vuur ongeveer 5 tot 10 minuten, roer tot het dik is. Haal van het vuur.

b) Een beetje afkoelen. Roer de gehakte noten erdoor. Zet opzij om af te koelen. Verwarm de oven voor op 375. Vet de bakplaten licht in. Meng in een grote kom de koekjesmix, kaneel, eieren, vanille en water of karnemelk. Meng goed. Druppel per theelepel op voorbereide bakplaten.

c) Schep $\frac{1}{2}$ tl dadelvulling op elk koekje en druk het deeg lichtjes in. Bedek elk met een andere theelepel deeg. Top met walnoten helft. Bak 10 tot 12 minuten.

76.   Devil's food drop cookies

Opbrengst: 6 porties

Ingrediënten

- 1 kopje bruine suiker
- $\frac{1}{2}$ kopje boter, verzacht
- 1 theelepel vanille
- 2 ons (2 vierkanten) ongezoete chocolade
- 1 ei
- 2 kopjes bloem
- $\frac{1}{2}$ theelepel bakpoeder
- $\frac{1}{2}$ theelepel Zout
- $\frac{3}{4}$ kopje zure room
- $\frac{1}{2}$ kopje gehakte walnoten

Mokka glazuur:

- $1\frac{1}{2}$ kopje poedersuiker
- 2 eetlepels Ongezoete cacao
- $\frac{1}{4}$ kopje boter, verzacht
- 1 tot 2 theel. oploskoffie korrels
- $1\frac{1}{2}$ theelepel vanille
- 2 tot 3 eetl. melk

Routebeschrijving

Koekjes:

a) Verwarm de oven voor op 350 graden. Vet bakplaten in. Klop in een grote kom bruine suiker en $\frac{1}{2}$ kopje boter tot ze licht en luchtig zijn. Voeg 1 theelepel toe. vanille, chocolade en ei; goed mengen.

b) Lepel bloem licht in maatbeker; afvlakken. Meng in een kleine kom bloem, bakpoeder en zout. Voeg droge ingrediënten en zure room toe aan het chocolademengsel; goed mengen.

c) Roer de walnoten erdoor. Laat vallen door theelepels met een tussenruimte van 2 "op ingevette bakplaten op te stapelen. Bak op 350 gedurende 10 tot 14 minuten of tot ze zijn gezet.

d) Koel 1 minuut; verwijderen van bakpapier. Helemaal afkoelen.

glazuur:

e) Combineer in een kleine kom alle glazuuringrediënten en voeg voldoende melk toe voor de gewenste smeerconsistentie; mixen tot een gladde substantie. Verdeel over afgekoelde koekjes. Laat het glazuur intrekken voordat u het opbergt.

77.   Hickory noten drop koekjes

Opbrengst: 1 porties

Ingrediënten

- 2 kopjes suiker
- 1 kopje verkorting; goed verslaan
- 2 eieren
- 1 kop melk; zuur of 1 kopje Karnemelk
- 4 kopjes bloem
- 1 theelepel bakpoeder
- 1 theelepel bakpoeder
- 1 kop noten; gehakt
- 1 kop rozijnen; gehakt

Routebeschrijving

a) Zeef soda en bakpoeder met bloem.

b) Combineer de resterende ingrediënten, meng goed.

c) Drop door theelepels op bakplaat.

d) Bak in een matige 375 F. oven.

78.   Ananas drop cookies

Opbrengst: 1 porties

Ingrediënten

- $\frac{1}{4}$ kopje boter

- $\frac{3}{4}$ kopje suiker

- 1 elk ei

- $\frac{1}{4}$ kopje ananas; uitgelekt en geplet

- $1\frac{1}{4}$ kopje bloem; gezeefd

- Zout; een snuifje

- $\frac{1}{4}$ theelepel bakpoeder

- $\frac{1}{2}$ theelepel bakpoeder

- $\frac{1}{4}$ kopje notenvlees

Routebeschrijving

a) Roomboter, suiker, voeg de resterende ingrediënten toe. Meng goed, druppel $\frac{1}{2}$ theelepel op bakplaat.

b) Bak in de oven op 375 F.

79. Rozijnen ananas drop cookies

Opbrengst: 36 porties

Ingrediënten

- $\frac{1}{2}$ kopje boter
- $\frac{1}{2}$ theelepel vanille
- 1 kopje bruine suiker, verpakt
- 1 ei
- $\frac{1}{2}$ kopje rozijnen
- $\frac{3}{4}$ kopje gemalen ananas, uitgelekt
- $2\frac{1}{2}$ kopje meel
- 1 theelepel bakpoeder
- 1 theelepel Baking Soda
- $\frac{1}{2}$ theelepel Zout

Routebeschrijving

a) Klop boter, vanille en suiker licht en luchtig. Voeg ei en room goed toe. Roer de rozijnen en ananas erdoor. Zeef de droge ingrediënten samen. Voeg geleidelijk toe aan het roommengsel. Roer tot goed gemengd.

b) Drop door theelepels op ingevette bakplaten. Bak 12-15 minuten in een voorverwarmde oven van 375oF.

80.   Courgette drop cookies

Opbrengst: 36 porties

Ingrediënten

- 1 kop geraspte courgette

- 1 theelepel bakpoeder

- 1 kopje suiker

- ½ kopje bakvet of boter

- 1 ei; geslagen

- 2 kopjes bloem

- 1 theelepel kaneel

- ½ theelepel Gemalen kruidnagel

- ½ theelepel Zout

- 1 kop gehakte noten

- 1 kopje rozijnen

Routebeschrijving

a) Meng courgette, frisdrank, suiker, boter en losgeklopt ei.
   Zeef de bloem, kaneel, kruidnagel en zout. Roer om te
   mengen. Roer de rozijnen en noten erdoor en laat het beslag
   bij de theelepel op een ingevette bakplaat vallen.

b) Bak in een voorverwarmde oven van 375 ° F 12-15 minuten.
   Maakt 3 dozijn.

KOEKJES SANDWICHES

81.   Chocoladetruffelkoekjes

Maakt ongeveer 16 koekjes

Ingrediënten

- 8 eetlepels (1 stok) ongezouten boter

- 8 ons donkere chocolade (64% cacao of meer), grof gehakt

- $\frac{1}{2}$ kopje ongebleekt bloem voor alle doeleinden of glutenvrije bloem

- 2 eetlepels Nederlands verwerkt cacaopoeder (99% cacao)

- $\frac{1}{4}$ theelepel fijn zeezout

- $\frac{1}{4}$ theelepel bakpoeder

- 2 grote eieren, op kamertemperatuur

- $\frac{1}{2}$ kopje suiker

- 2 theelepels vanille-extract

- 1 kopje pure chocoladeschilfers (64% cacao of hoger)

Routebeschrijving:

a) Smelt de boter en donkere chocolade in een dubbele ketel op laag vuur, af en toe roerend tot ze volledig gesmolten zijn. Helemaal afkoelen.

b) Combineer de bloem, cacaopoeder, zout en bakpoeder in een kleine kom. Opzij zetten.

c) Klop met een elektrische mixer de eieren en suiker in een grote kom op hoge snelheid tot ze licht en luchtig zijn, ongeveer 2 minuten. Voeg de vanille toe, voeg dan de gesmolten chocolade en boter toe en klop gedurende 1 tot 2 minuten tot alles gemengd is.

d) Schraap langs de zijkanten van de kom en roer met een grote rubberen spatel de droge ingrediënten erdoor totdat ze zijn opgenomen. Vouw de chocoladeschilfers erdoor. Dek af met plasticfolie en zet minimaal 4 uur in de koelkast.

e) Plaats een rek in het midden van de oven en verwarm de oven voor op 325 ° F. Bekleed een bakplaat met bakpapier.

f) Maak je handen nat met water en rol het deeg in ballen van 2 inch, plaats ze ongeveer 2 inch uit elkaar op de beklede bakplaat. Werk snel en als u de koekjes in porties bakt, zet u het resterende deeg tussen de rondes in de koelkast.

g) Bak 12 tot 13 minuten, tot de randen iets zijn gerezen en het midden grotendeels is uitgehard. Haal uit de oven en laat minimaal 10 minuten op de pan afkoelen, doe dan over op een rooster en laat volledig afkoelen.

IJsbroodjes samenstellen

h) Leg de koekjes op een bakplaat en vries ze 1 uur in. Maak 1 liter ijs zacht tot schepbaar. Ik hou het graag simpel en gebruikZoet roomijs, maar je kunt elke smaak gebruiken die je wilt.

i) Haal de koekjes uit de vriezer en schep, snel werkend, 2 tot 4 ons ijs op een koekje. Smoosh het ijs door er een ander koekje op te leggen. Herhalen.

j) Als je klaar bent met het samenstellen van alle sandwiches, leg je ze minstens 2 uur terug in de vriezer om uit te harden.

82.   Havermoutroombroodjes

Maakt 24 koekjes

:

Ingrediënten

- $1\frac{1}{2}$ kopjes ongebleekt bloem voor alle doeleinden

- 2 kopjes snelkokende havermout (instant havermout)

- 1 theelepel bakpoeder

- $\frac{1}{4}$ theelepel gemalen kaneel

- $\frac{1}{2}$ pond (2 stokjes) ongezouten boter, verzacht

- $1\frac{1}{2}$ kopjes verpakte lichtbruine suiker

- $\frac{3}{4}$ theelepel fijn zeezout

- 1 theelepel vanille-extract

- 2 grote eieren, op kamertemperatuur

- 1 liter ijs naar keuze

Routebeschrijving:

a) Plaats een rek in het midden van de oven en verwarm de oven voor op 325 ° F. Bekleed twee bakplaten met bakpapier.

b) Combineer de bloem, haver, bakpoeder en kaneel in een kom en meng goed. Klop met een elektrische mixer de boter in een grote kom tot een gladde en romige massa.

c) Voeg de suiker en het zout toe en klop tot het mengsel licht van kleur en luchtig is; Schraap zo nodig langs de zijkanten van de kom. Voeg het vanille-extract toe en klop gewoon om te combineren.

d) Voeg de eieren één voor één toe en klop goed na elke toevoeging. Het beslag moet glad en romig zijn.

e) Voeg de helft van de droge ingrediënten toe en mix op lage snelheid tot het net gemengd is. Voeg de resterende bloem toe en mix tot gecombineerd. Pas op dat u het deeg niet overwerkt.

f) Gebruik een schep van 1 ons om het deeg op de bakplaten te verdelen, met een tussenruimte van ongeveer 5 cm tussen de koekjes.

g) Druk de koekjes een beetje plat met de muis van je hand of met de achterkant van een houten lepel.

h) Bak de koekjes 7 minuten. Draai de pan en bak nog 4 tot 6 minuten, of tot de koekjes heel lichtbruin zijn aan de randen maar nauwelijks in het midden staan.

i) Laat de koekjes 10 minuten afkoelen op de bakplaat. Stapel ze vervolgens in een container of in een Ziploc-diepvrieszak van 1 gallon en bevries ze gedurende 2 uur.

j) Om de slagroomsandwiches samen te stellen, plaatst u 3 bevroren koekjes op een bakplaat. Leg op elk koekje een afgeronde schep (2 tot 3 ons) licht verzacht ijs.

k) Bedek met nog drie koekjes, knijp de twee koekjes samen totdat het ijs plat wordt en de buitenranden raakt.

l) Plaats de volledig geassembleerde slagroomsandwiches terug in de vriezer en herhaal met de resterende koekjes.

83. Slagroomsoesjes en Eclairs Ringcake

Maakt 6 tot 12 porties

Ingrediënten

- 1 kopje lauw water

- 4 eetlepels ($\frac{1}{2}$ stok) ongezouten boter, in stukjes gesneden

- 1 kopje ongebleekt bloem voor alle doeleinden of glutenvrije bloem

- 4 grote eieren, op kamertemperatuur

- Zoute Vanille Bevroren VlaofZoute Geitenmelk Chocolade Frozen Custard

- Chocolade Glazuur(gebruik 4 eetlepels volle melk)

Routebeschrijving:

a) Verwarm de oven voor op 400 ° F.

b) Combineer het water en de boter in een middelzware pan en breng aan de kook, roer om de boter te smelten. Giet alle bloem erbij en mix tot het mengsel een bal vormt.

c) Haal van het vuur en klop de eieren er een voor een door met een elektrische mixer.

Voor slagroomsoesjes

d) Lepel zes 4-inch individuele hopen deeg op een niet-ingevette bakplaat (voor kleinere trekjes, maak twaalf 2-inch heuvels). Bak tot ze goudbruin zijn, ongeveer 45 minuten. Haal uit de oven en laat afkoelen.

Voor Eclairs

e) Plaats een spuitzak met een $\frac{1}{4}$-inch platte punt en spuit
    vervolgens zes tot twaalf 4-inch stroken op een niet-
    ingevette bakplaat. Bak tot ze goudbruin zijn, ongeveer 45
    minuten. Haal uit de oven en laat afkoelen.

Voor een ringcake

f) Laat zelfs lepels deeg op een niet-ingevette bakplaat vallen
    om een ovaal van 12 inch te maken. Bak tot ze goudbruin
    zijn, 45 tot 50 minuten. Haal uit de oven en laat afkoelen.

Verzamelen

g) Bereid het glazuur voor. Snijd de slagroomsoesjes, éclairs
    of ringcake doormidden. Vul met het ijs en plaats de
    bovenkant(en) er weer op.

h) Voor slagroomsoesjes dip je de bovenkant van elk soesje in
    de chocolade. Voor éclairs: schep het glazuur er royaal over.
    Roer voor de ringcake nog 5 eetlepels melk door het glazuur;
    sprenkel het over de ringcake.

i) Om te serveren, schik de gebakjes of plakjes cake op
    borden.

84.   Broodje ijskoekjes

:

Ingrediënten

- 12 chocoladekoekjes
- 2 kopjes vanille (of andere smaak) ijs, verzacht

Routebeschrijving:

a) Leg de koekjes op een bakplaat in de vriezer.

b) Verspreid het verzachte ijs in een platte pan of container tot een dikte van ongeveer 1/2-inch en vries opnieuw in. Als het weer stevig is, maar niet hard, snijd je 6 cirkels ijs om in de koekjes te passen. Schep het ijs voorzichtig uit de pan op 6 koekjes.

c) Top met een tweede koekje. Druk aan om goed af te sluiten en vries in tot klaar om te eten. Als ze goed ingevroren zijn, haal ze dan 10 tot 15 minuten voordat je ze wilt eten uit de vriezer, anders worden ze erg hard.

d) Eet binnen een paar dagen.

Serveert 6

85. Aardbeien Italiaanse broodjes

Voor: 12 tot 16 sandwiches

Ingrediënten

- 1 kopje niet-zuivelmargarine, verzacht

- 3/4 kop verdampte rietsuiker, verdeeld

- 2 theelepels vanille-extract

- 2-1/4 kopjes ongebleekt bloem voor alle doeleinden

Routebeschrijving

a) Klop in een grote kom de margarine, 1/2 kopje suiker en de vanille tot alles goed gemengd is. Voeg de bloem in porties toe en mix tot het deeg zacht en glad is. Verdeel het deeg in tweeën en vorm elke helft in een rechthoekig blok, ongeveer 5 inch lang, 3 inch breed en 2 inch hoog. Strooi de resterende 1/4 kopsuiker op een schoon oppervlak en rol elk blok erin om de buitenkant te bedekken. Wikkel elk stuk hout in plasticfolie en leg het minimaal 2 uur in de koelkast.

b) Verwarm de oven voor op 375 ° F. Bekleed twee bakplaten met bakpapier.

c) Haal de koekjesdeegblokken uit de koelkast. Snijd de stammen met een scherp mes in plakjes van 1/4 inch dik, druk tijdens het snijden op de zijkanten van de stam om de vorm te behouden. Plaats de gesneden koekjes op de voorbereide bakplaten met een tussenruimte van 1 inch. Bak 8 tot 10 minuten, of tot de randen lichtbruin zijn.

d) Laat de koekjes, nadat ze uit de oven zijn gehaald, 5 minuten afkoelen op de bakplaat en leg ze dan op een rooster. Laat de koekjes helemaal afkoelen. Bewaren in een luchtdichte verpakking

86.   Broodjes Worteltaart

Voor: 12 tot 16 sandwiches

Ingrediënten

- 2 kopjes ongebleekt bloem voor alle doeleinden

- 1/2 theelepel bakpoeder

- 2 theelepels gemalen kaneel

- 1/2 theelepel gemalen gember

- 1/4 theelepel gemalen nootmuskaat

- 1/4 theelepel zout

- 3/4 kop niet-zuivel margarine, op kamertemperatuur

- 1 kop verpakte donkerbruine suiker

- 1/2 kop verdampte rietsuiker

- 2 theelepels vanille-extract

- 1-1/2 kopjes fijngesnipperde wortelen (ongeveer 2 middelgrote wortelen)

- 1/3 kop geroosterde, geraspte kokosnoot (optioneel)

- 1/3 kopje gemalen walnoten (optioneel)

Routebeschrijving

a) Verwarm de oven voor op 350 ° F. Bekleed twee bakplaten met bakpapier.

b) Meng in een kleine kom de bloem, bakpoeder, kaneel, gember, nootmuskaat en zout. Klop in een grote kom de margarine, bruine suiker, rietsuiker en vanille door elkaar. Voeg de droge ingrediënten in porties toe aan de natte tot ze glad zijn en voeg dan de geraspte wortelen, kokosnoot en walnoten toe, indien gebruikt.

c) Gebruik een koekjesdruppelaar of eetlepel om ophopende bolletjes deeg op de voorbereide bakplaten te laten vallen, ongeveer 2 inch uit elkaar. Druk elk koekje voorzichtig iets naar beneden.

d) Bak gedurende 9 tot 11 minuten, of tot de randen licht goudbruin zijn. Haal uit de oven en laat 5 minuten afkoelen op de bakplaat, en laat daarna afkoelen op een rooster. Laat de koekjes helemaal afkoelen. Bewaren in een luchtdichte verpakking

87. Gember Notenijs

Maakt: 1 kwart
- 2 kopjes niet-zuivelmelk (meer vet, zoals soja of hennep)

- 3/4 kop verdampte rietsuiker

- 1 theelepel gemalen gember

- 1 theelepel vanille-extract

- 1-1 / 2 kopjes rauwe cashewnoten

- 1/16 theelepel guargom

- 1/3 kop fijngehakte gekonfijte gember

Routebeschrijving

a) Klop in een grote pan de melk en de suiker door elkaar. Breng het mengsel op middelhoog vuur aan de kook en zwaai regelmatig. Zodra het kookt, zet je het vuur laag tot medium-laag en klop je constant totdat de suiker is opgelost, ongeveer 5 minuten. Haal van het vuur, voeg de gember en vanille toe en klop om te combineren.

b) Leg de cashewnoten op de bodem van een hittebestendige kom en giet het hete melkmengsel erover. Laat het volledig afkoelen. Nadat het is afgekoeld, brengt u het mengsel over naar een keukenmachine of hogesnelheidsblender en verwerk het tot een gladde massa, waarbij u indien nodig stopt om langs de zijkanten te schrapen. Bestrooi tegen het einde van je verwerking de guargom en zorg ervoor dat deze goed is opgenomen.

c) Giet het mengsel in de kom van een 1-1 / 2- of 2-kwart ijsmachine en verwerk het volgens de instructies van de fabrikant. Als het ijs klaar is, meng je voorzichtig de gekonfijte gember erdoor. Bewaar in een luchtdichte verpakking in de vriezer gedurende minimaal 2 uur voordat u de broodjes gaat samenstellen.

Om de broodjes te maken

d) Laat het ijs iets zachter worden, zodat het gemakkelijk te scheppen is. Leg de helft van de koekjes met de onderkant naar boven op een schoon oppervlak. Schep een royale bolletje ijs, ongeveer 1/3 kop, op de bovenkant van elk koekje. Bedek het ijs met de resterende koekjes, waarbij de bodem van de koekjes het ijs raakt.

e) Druk voorzichtig op de koekjes om ze waterpas te maken. Wikkel elke sandwich in plasticfolie of vetvrij papier en leg ze minstens 30 minuten terug in de vriezer voordat je ze serveert.

88. Chocoladekoekje en Vanille Sandwich

Ingrediënten

- 1/3 kopje niet-zuivelmargarine, op kamertemperatuur

- 2/3 kopje verdampte rietsuiker

- 2 eetlepels niet-zuivelmelk

- 1/4 theelepel milde azijn

- 1 theelepel vanille-extract

- 3/4 kop ongebleekt bloem voor alle doeleinden

- 1/3 kopje ongezoete bakcacao, gezeefd

- 1/2 theelepel bakpoeder

- 1/8 theelepel zout

Routebeschrijving

a) Verwarm de oven voor op 375 ° F. Bekleed een bakplaat met bakpapier.

b) Klop in een middelgrote kom de margarine en suiker romig. Roer de melk, azijn en vanille erdoor. Meng in een kleine kom de bloem, cacao, bakpoeder en zout. Voeg de droge ingrediënten toe aan de natte en meng goed.

c) Keer om op de voorbereide bakplaat. Leg een vel vetvrij papier over het deeg en rol het uit tot een vierkant van ongeveer 1/4 inch dik. Verwijder het vetvrij papier en bak gedurende 10 tot 12 minuten, totdat de randen zijn ingesteld en het een beetje gezwollen is. Het lijkt zacht en niet volledig gebakken, maar dat is het wel.

d) Haal uit de oven en laat ongeveer 15 minuten afkoelen op de bakplaat op een rooster. Snijd de koekjes voorzichtig in de gewenste vorm. Je kunt een glas- of koekjesuitsteker gebruiken om ze rond te maken, of het deeg maximaliseren door ze in vierkanten van gelijke grootte te snijden.

e) Haal de koekjes van het blad en laat ze afkoelen op het rooster.

89.   Broodje Vanille Soja-ijs

Maakt: 1-1/4 quarts

Ingrediënten

- 3/4 kop verdampte rietsuiker

- 1 eetlepel plus 2 theelepels tapiocazetmeel

- 2-1 / 2 kopjes soja- of hennepmelk (vol vet)

- 1 theelepel kokosolie

- 2 theelepels vanille-extract

Routebeschrijving

a) Meng in een grote pan de suiker en het tapiocazetmeel en klop tot ze zijn opgenomen. Giet de melk erbij, kloppend om op te nemen.

b) Breng het mengsel op middelhoog vuur aan de kook en zwaai regelmatig. Zodra het kookt, zet je het vuur laag tot medium-laag en klop je constant totdat het mengsel dikker wordt en de achterkant van een lepel bedekt, ongeveer 5 minuten. Haal van het vuur, voeg de kokosolie en vanille toe en mix om te combineren.

c) Doe het mengsel in een hittebestendige kom en laat het volledig afkoelen.

d) Giet het mengsel in de kom van een 1-1 / 2- of 2-kwart ijsmachine en verwerk het volgens de instructies van de fabrikant. Bewaar in een luchtdichte verpakking in de vriezer gedurende minimaal 2 uur voordat u de broodjes gaat samenstellen.

Om de broodjes te maken

e) Laat het ijs iets zachter worden, zodat het gemakkelijk te scheppen is. Leg de helft van de koekjes met de onderkant naar boven op een schoon oppervlak. Schep een royale bolletje ijs, ongeveer 1/3 kop, op de bovenkant van elk koekje.

f) Bedek het ijs met de resterende koekjes, waarbij de bodem van de koekjes het ijs raakt. Druk voorzichtig op de koekjes om ze waterpas te maken.

g) Wikkel elke sandwich in plasticfolie of vetvrij papier en leg ze minstens 30 minuten terug in de vriezer voordat je ze serveert.

90. X-Ray Ice Cream Sandwiches

Voor: 12 tot 16 sandwiches

Ingrediënten

- 2 kopjes ongebleekt bloem voor alle doeleinden

- 1 theelepel bakpoeder

- 1/4 theelepel zout

- 1 kopje niet-zuivelmargarine, op kamertemperatuur

- 1/2 kop verpakte bruine suiker

- 1/2 kop verdampte rietsuiker

- 1 theelepel maizena

- 2 eetlepels niet-zuivelmelk

- 1-1 / 2 theelepels vanille-extract

Routebeschrijving

a) Verwarm de oven voor op 350 ° F. Bekleed twee bakplaten met bakpapier.

b) Meng in een kleine kom de bloem, bakpoeder en zout. Klop in een grote kom de margarine, bruine suiker en rietsuiker door elkaar. Los de maizena op in de melk in een kleine kom en voeg dit samen met de vanille toe aan het margarinemengsel. Voeg de droge ingrediënten in porties toe aan de natte en mix tot een gladde massa.

c) Gebruik een koekjesdruppelaar of eetlepel om ophopende eetlepels deeg op de voorbereide bakplaten te laten vallen, ongeveer 2 inch uit elkaar. Bak 8 tot 10 minuten, of tot de randen licht goudbruin zijn.

d) Haal uit de oven en laat 5 minuten afkoelen op de bakplaat, en laat daarna afkoelen op een rooster. Laat de koekjes helemaal afkoelen. Bewaar in een luchtdichte verpakking.

91.   Chocolade Soja-ijs

Maakt: 1-1/4 quarts

Ingrediënten

- 3/4 kop verdampte rietsuiker

- 1/3 kopje ongezoete bakcacao, gezeefd

- 1 eetlepel tapiocazetmeel

- 2-1 / 2 kopjes soja- of hennepmelk (vol vet)

- 2 theelepels kokosolie

- 2 theelepels vanille-extract

Routebeschrijving

a) Meng in een grote pan de suiker, cacao en tapiocazetmeel en klop tot de cacao en het zetmeel in de suiker zijn opgenomen. Giet de melk erbij, kloppend om op te nemen. Breng het mengsel op middelhoog vuur aan de kook en zwaai regelmatig.

b) Zodra het kookt, zet je het vuur laag tot medium-laag en klop je constant totdat het mengsel dikker wordt en de achterkant van een lepel bedekt, ongeveer 5 minuten. Haal van het vuur, voeg de kokosolie en vanille toe en klop om te combineren.

c) Doe het mengsel in een hittebestendige kom en laat het volledig afkoelen.

d) Giet het mengsel in de kom van een 1-1 / 2- of 2-kwart ijsmachine en verwerk het volgens de instructies van de fabrikant. Bewaar in een luchtdichte verpakking in de vriezer gedurende minimaal 2 uur voordat u de broodjes gaat samenstellen.

e) Laat het ijs iets zachter worden, zodat het gemakkelijk te scheppen is. Leg de helft van de koekjes met de onderkant naar boven op een schoon oppervlak. Schep een royale bolletje ijs, ongeveer 1/3 kop, op de bovenkant van elk koekje. Bedek het ijs met de resterende koekjes, waarbij de bodem van de koekjes het ijs raakt.

f) Druk voorzichtig op de koekjes om ze waterpas te maken. Wikkel elke sandwich in plasticfolie of vetvrij papier en leg ze minstens 30 minuten terug in de vriezer voordat je ze serveert.

92.   Dubbele Chocoladesandwiches

Voor: 12 tot 16 sandwiches

Ingrediënten

- 1 kopje ongebleekt bloem voor alle doeleinden

- 1/2 kop ongezoete bakcacao, gezeefd

- 1/2 theelepel bakpoeder

- 1/4 theelepel zout

- 1/4 kop niet-zuivelchocoladestukjes, gesmolten

- 1/2 kopje niet-zuivelmargarine, verzacht

- 1 kopje verdampte rietsuiker

- 1 theelepel vanille-extract

Routebeschrijving

a) Verwarm de oven voor op 325 ° F. Bekleed twee bakplaten met bakpapier.

b) Meng in een middelgrote kom de bloem, cacaopoeder, bakpoeder en zout. Klop in een grote kom, met een elektrische handmixer, de gesmolten chocoladeschilfers, margarine, suiker en vanille tot ze goed gecombineerd zijn. Voeg de droge ingrediënten in porties toe aan de natte totdat ze volledig zijn opgenomen.

c) Schep kleine balletjes deeg, ongeveer zo groot als een grote knikker (ongeveer 2 theelepels) op de voorbereide bakplaten, ongeveer 5 cm uit elkaar. Vet de achterkant van een eetlepel licht in en druk voorzichtig en gelijkmatig op elk koekje totdat het plat is en ongeveer 1-1 / 2 inch breed is. Bak gedurende 12 minuten, of totdat de randen zijn ingesteld. Als je beide vellen tegelijk bakt, draai de vellen dan halverwege om.

d) Laat de koekjes, nadat ze uit de oven zijn gehaald, 5 minuten afkoelen op de bakplaat en leg ze dan op een rooster. Laat de koekjes helemaal afkoelen. Bewaren in een luchtdichte verpakking

93.   Broodje Chocolade Kokosijs

Maakt: 1 kwart

Ingrediënten

- 3/4 kop verdampte rietsuiker

- 1/3 kopje ongezoete bakcacao, gezeefd

- 1 (13,5-ounce) blik volvette kokosmelk (niet licht)

- 1 kopje niet-zuivelmelk

- 1 theelepel vanille-extract

Routebeschrijving

a) Meng in een grote pan de suiker en cacao en klop tot de cacao in de suiker is opgenomen. Giet de kokosmelk en de andere niet-zuivelmelk erbij, al kloppend om op te nemen. Breng het mengsel op middelhoog vuur aan de kook en zwaai regelmatig. Zodra het kookt, zet je het vuur laag tot medium-laag en klop je constant totdat de suiker is opgelost, ongeveer 5 minuten. Haal van het vuur en voeg de vanille toe, al kloppend om te combineren.

b) Doe het mengsel in een hittebestendige kom en laat het volledig afkoelen.

c) Giet het mengsel in de kom van een 1-1 / 2 of 2-kwart ijsmachine en verwerk volgens de instructies van de fabrikant. Bewaar in een luchtdichte verpakking in de vriezer gedurende minimaal 2 uur voordat u de broodjes gaat samenstellen.

d) Laat het ijs iets zachter worden, zodat het gemakkelijk te scheppen is. Leg de helft van de koekjes met de onderkant naar boven op een schoon oppervlak. Schep een royale bolletje ijs, ongeveer 1/3 kop, op de bovenkant van elk koekje. Bedek het ijs met de resterende koekjes, waarbij de bodem van de koekjes het ijs raakt.

e) Druk voorzichtig op de koekjes om ze waterpas te maken. Wikkel elke sandwich in plasticfolie of vetvrij papier en leg ze minstens 30 minuten terug in de vriezer voordat je ze serveert.

94. Bevroren chocolade bananen

Ingrediënten

- 4 stevige maar rijpe kleine bananen

- 6 oz. melkchocolade, in stukjes gebroken

- 6 Eetlepels slagroom

- 4 eetlepels sinaasappelsap

Routebeschrijving

a) Vries de bananen in hun schil in voor ongeveer 2 uur.

b) Smelt de chocolade in een kleine pan met de room en het sinaasappelsap, af en toe roerend tot het gesmolten en glad is. Giet in een koude kom en laat staan tot het net begint in te dikken en af te koelen. Laat het niet te koud worden, anders zal het niet gemakkelijk bekleden.

c) Haal de bananen uit de vriezer en verwijder de schil netjes. Doop elke banaan in de chocolade om hem goed te coaten en verwijder hem vervolgens met een of twee lange houten spiesen. Houd de banaan boven de kom terwijl de overtollige chocolade eraf druipt. Leg de banaan vervolgens op vetvrij papier tot de chocolade hard is. Snijd in 2 of 3 stukken en zet terug in de vriezer tot je klaar bent om te serveren.

d) Steek eventueel een ijslollystokje in elk stuk om te serveren.

e) Deze bananen zijn niet goed houdbaar en moeten gegeten worden op de dag dat ze gemaakt worden.

95.   Broodje ijskoekjes

Ingrediënten

- 12 chocoladekoekjes

- 2 kopjes vanille (of andere smaak) ijs, verzacht

Routebeschrijving

a) Leg de koekjes op een bakplaat in de vriezer.

b) Verspreid het verzachte ijs in een platte pan of container tot een dikte van ongeveer 1/2-inch en vries opnieuw in. Als het weer stevig is, maar niet hard, snijd je 6 cirkels ijs om in de koekjes te passen. Schep het ijs voorzichtig uit de pan op 6 koekjes.

c) Top met een tweede koekje. Druk aan om goed af te sluiten en vries in tot klaar om te eten. Als ze goed ingevroren zijn, haal ze dan 10 tot 15 minuten voordat je ze wilt eten uit de vriezer, anders worden ze erg hard.

d) Eet binnen een paar dagen.

Serveert 6

SNICKERDOODLE

96.   Maïsmeel snickerdoodles

Opbrengst: 4 porties

Ingrediënten

- 1 kopje ongezouten boter op kamer

- Temperatuur

- ⅓kopje honing

- ⅓kopje suiker

- 2 grote eieren op kamertemperatuur

- Fijn geraspte schil van 1

- Citroen

- ½ theelepel vanille

- 1½ kopje meel

- 1 kop gele maïsmeel

- 1 theelepel bakpoeder

- ½ theelepel Zout

- Suiker om koekjes in te rollen

Routebeschrijving

a) Klop boter, honing en suiker samen. Klop de eieren erdoor en roer de citroenschil en vanille erdoor. Meng in een aparte kom bloem, maïsmeel, bakpoeder en zout.

b) Roer de droge ingrediënten in 2 fasen door het afgeroomde mengsel tot ze gelijkmatig gemengd zijn. Dek af en zet het deeg 3 uur in de koelkast.

c) Mag 's nachts worden gekoeld. Verwarm de oven voor op 375 en vet de bakplaten in. Vorm het deeg in balletjes van $1\frac{1}{4}$ inch. Rol de ballen in suiker en leg ze op vellen met een tussenruimte van ongeveer 5 cm.

d) Bak gedurende 15 minuten tot de bovenkanten enigszins bestand zijn tegen lichte vingerdruk.

e) Koel op een rooster.

97. Vetarme snickerdoodles

Opbrengst: 1 porties

Ingrediënten

- $1\frac{1}{2}$ kopje suiker

- $\frac{1}{2}$ kopje margarine

- 1 theelepel vanille

- $\frac{1}{2}$ kopje Eiervervanger

- $2\frac{3}{4}$ kopje meel

- 1 theelepel Crème van tartaar

- $\frac{1}{2}$ theelepel bakpoeder

- $\frac{1}{4}$ theelepel Zout

- 2 eetlepels Suiker

- 2 theelepels kaneel

Routebeschrijving

a) Klop $1\frac{1}{2}$ kopjes suiker en margarine tot het licht is. Klop vanille en eiervervanger erdoor. Roer de bloem, room van wijnsteen, soda en zout erdoor. Koel het deeg ongeveer 1 - 2 uur.

b) Combineer 2 eetlepels suiker en kaneel. Vorm het deeg in ballen van 48 - 1 inch. Rol in suiker/kaneel mengsel.

c) Plaats ballen op bakplaten die zijn bespoten met Pam.

d) Bak op 400 gedurende 8 tot 10 minuten. Koel op roosters.

98. Volkoren snickerdoodles

Opbrengst: 60 porties

Ingrediënten

- $1\frac{1}{2}$ kopje suiker

- 1 kop boter, verzacht

- 1 Ei plus

- 1 Eiwit

- $1\frac{1}{2}$ kopje volkoren meel

- $1\frac{1}{4}$ kopje bloem voor alle doeleinden

- 1 theelepel bakpoeder

- $\frac{1}{4}$ theelepel Zout

- 2 eetlepels Suiker

- 2 theelepels gemalen kaneel

Routebeschrijving

a) In een mengkom de roomsuiker en boter luchtig maken. Voeg ei en eiwit toe; goed slaan. Combineer de droge ingrediënten; voeg toe aan het afgeroomde mengsel en klop goed. Combineer de topping-ingrediënten in een kleine kom.

b) Vorm het deeg tot balletjes ter grootte van een walnoot; rol in kaneelsuiker.

c) Plaats 2 uit elkaar in niet-ingevette bakplaten. Bak 8-10 minuten op 400.

d) Koekjes blazen goed op en worden plat tijdens het bakken.

99.   Eierpunch snickerdoodles

Opbrengst: 48 porties

Ingrediënten

- $2\frac{3}{4}$ kopje bloem voor alle doeleinden

- 2 theelepels Cream of tartar

- $1\frac{1}{2}$ kopje suiker

- 1 theelepel bakpoeder

- 1 kopje met boter verzacht

- $\frac{1}{4}$ theelepel Zout

- 2 eieren

- $\frac{1}{2}$ theelepel Brandy-extract

- $\frac{1}{2}$ theelepel Rum extract

Suiker mengsel

- $\frac{1}{4}$ kopje suiker of gekleurde suiker

- 1 theelepel Nootmuskaat

Routebeschrijving

a) Verwarm de oven voor: 400 In 3-qt. mixerkom combineer alle koekjesingrediënten.

b) Klop op lage snelheid, schraap de zijkanten van de kom vaak, tot alles goed gemengd is (2 tot 4 min.).

c) Meng in een kleine kom het suikermengsel; roer om te mengen. Vorm afgeronde theelepel deeg in balletjes van 1 "; rol in suikermengsel.

d) Plaats 2 "uit elkaar op niet-ingevette bakplaten. Bak in de buurt van het midden van de 400-oven gedurende 8 tot 10 minuten of tot de randen lichtbruin zijn.

100. Chocolade snickerdoodles

Opbrengst: 1 porties

Ingrediënten

- $2\frac{1}{4}$ kopje suiker

- 2 theelepels Pompoentaartkruiden

- $\frac{1}{2}$ kopje cacaopoeder

- 1 kop boter, verzacht

- 2 eieren

- 2 theelepels vanille-extract

- $2\frac{1}{4}$ kopje meel

- $1\frac{1}{2}$ theelepel bakpoeder

Routebeschrijving

a) Roer in een grote mengkom suiker en kruiden door elkaar; zet $\frac{1}{2}$ kopje van het mengsel opzij in een ondiepe kom.

b) Voeg cacaopoeder toe aan de mengkom; roer om te mengen. Voeg boter toe; klop op gemiddelde snelheid tot het luchtig is.

c) Mix de eieren en vanille erdoor. Roer bloem en bakpoeder erdoor.

d) Vorm het deeg tot een bal en rol het in het achtergehouden suikermengsel.

e) Herhaal de procedure met het resterende deeg en plaats 2 inch uit elkaar op ingevette bakplaten.

f) Bak in een oven van 350 graden gedurende 12-15 minuten of tot de randen stevig zijn. Koel op rooster.

g) Maakt ongeveer 4 dozijn koekjes.

CONCLUSIE

Wie houdt er niet van een koekje. Bedenk eens: zonder ovens zouden we deze heerlijke lekkernijen niet hebben. In feite is het koekje uitgevonden in de dagen vóór de thermostaten, als een test om te zien of primitieve ovens de juiste temperatuur hadden om taarten te bakken. In plaats van een hele cake te verpesten, werd eerst een "kleine cake" of koekje getest. Destijds dacht niemand dat de "testcake" een traktatie zou worden met zijn eigen charmes.

Koekjes zijn kleine, zoete, platte, droge cakejes - eenpersoons hapjes. Ze zijn over het algemeen op meel gebaseerd, maar ze kunnen ook meelloos zijn - bijvoorbeeld gemaakt van eiwitten en/of amandelen zoals bitterkoekjes - of gemaakt van glutenvrij meel, zoals rijstmeel. Cookies kunnen zacht, taai of knapperig zijn. Ze kunnen groot of klein zijn, eenvoudig of luxueus. Ze kunnen eenvoudig zijn - boter en suiker - of complex, met een veelvoud aan ingrediënten, of gevormd tot koekjessandwiches, twee lagen en vulling. Maar ze zijn lang geleden begonnen, niet als traktatie of troostmaaltijd, maar als ovenregelaar!

CPSIA information can be obtained
at www.ICGtesting.com
Printed in the USA
LVHW080338270922
729373LV00003B/30